通心·童心·同心

王小玲名班主任工作室班本课程设计

琪 贾取 谢霞/主编

中国出版集团 现代出版社

图书在版编目(CIP)数据

通心·童心·同心：王小玲名班主任工作室班本课程设计 / 王琪，贾取，谢霞主编. — 北京：现代出版社，2020.6

ISBN 978-7-5143-8708-7

Ⅰ.①通… Ⅱ.①王… ②贾… ③谢… Ⅲ.①中小学—班主任工作—文集 Ⅳ.①G635.16-53

中国版本图书馆CIP数据核字（2020）第110561号

通心·童心·同心：王小玲名班主任工作室班本课程设计

作　　者　王 琪　贾 取　谢 霞
责任编辑　袁 涛
出版发行　现代出版社
地　　址　北京市安定门外安华里504号
邮政编码　100011
电　　话　010-64267325　64245264
网　　址　www.1980xd.com
电子邮箱　xiandai@cnpitc.com.cn
印　　制　北京政采印刷服务有限公司
开　　本　710mm × 1000mm　1/16
印　　张　13.5
字　　数　222千
版　　次　2022年6月第1版　　2022年6月第1次印刷
书　　号　ISBN 978-7-5143-8708-7
定　　价　45.00元

编委会

序 言

PREFACE

童心如诗向远方

（代序一）

在校园、班级、课堂上，在教师的职业生涯中，与学生关系最为密切的莫过于班主任。班主任工作虽然普通且琐碎，但是育人工作，不论大小，都是伟大而非凡的。多年以后，学生可能不会记得学过什么知识，但是班主任对他们的教育却会在成长过程中留下深深的烙印。班主任工作的使命，就是促进学生人格的完善，护航生命的成长。

我们强调班主任工作的重要性，也注重其方法和艺术。近两年，在课程改革深化中有一个概念受到各方关注，这个概念就是班本课程。相比于国家课程、地方课程和校本课程，班本课程的特点是“小而精”，不仅凸显了班级主体的作用，让班级在课程的开发和管理中有了自己应有的位置，而且在实践操作方面有灵活选择的优势。班本课程聚焦学生的发展，创造促进儿童发展的空间，因材施教，根据学生特点选择课程主题，调整教学内容和方法，以生成性资源为主，充分体现目标多元和内容广泛，最大限度贴合每个学生的经验特征和发展需求。因此，班本课程的意义是显而易见的，发展是值得期待的。

虽然现在还处于探索阶段，班本课程的规范性还没有真正建立起来，但正因为如此，先行者的思考和实践才显得格外珍贵。所谓“不积跬步，无以至千里；不积小流，无以成江海”，学习如此，教育实践亦如此。王小玲名班主任工作室的成员们，在班本课程的发展道路上迈出了意义重大的一步。这本集子凝聚了班主任对儿童心理的理解、对班本课程的创造和对班主任工作的独到思考。老师们的课程设计和实践，就是汇入教育江海的小河小溪，激起一朵朵浪花，期待同行们的发现和见证。

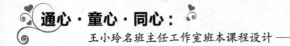

童心如诗向远方。无论是主题班会、班级管理、家校共育，还是班级活动开展、班级文化建设、班本课程构建，小学班主任都需要有一颗童心，才能走进学生的内心，才能有效引领生命成长，带领学生走向诗与远方。《通心·童心·同心：王小玲名班主任工作室班本课程设计》的问世，具有标志性的意义，既是对老师们工作成果的肯定，也是促进班主任专业化发展的助力，相信王小玲名班主任工作室的探索者，后续还会有更多更好的作品问世。

行者无疆，未来可期，继续前行。

李 季

广东二师心理学教授 金点子品牌工作室主持人
广东省中小学德育研究与指导中心副主任首席专家
中国陶行知研究会未来教育专委会理事长
教育部中小学卓越校长理论导师
教育部中小学班主任国培计划首批入库专家
全国中小学名班主任工作室联盟执行主席
广东省家庭教育研究会会长
广东省家庭教育讲师团团长
广东省社区教育讲师团团长
广东省中小学班主任讲师团副团长
广东省精神文明学会副会长
广东省中小学德育研究会副会长

对小学班本课程的认识与理解

（代序二）

一、小学班本课程的内涵

小学班本课程是国家、地方、学校三级课程之外所延伸出来的一种新的课程概念，是校本课程班级化的一种表现形式。班本课程的内涵主要是相对于校本课程所派生出的课程概念，它具体是指以所在学校的班级为单位，充分利用班级的各种资源，以满足班级学生个性化发展为宗旨，由班级教师和学生共同开发的、富有班级特色的课程。班本课程的开发要与学校发展理念和办学特色保持一致，要与学校文化发展相契合，班本课程开发的主体是所在班级的学生和相关教师，班本课程开发的依据是班级学生的兴趣爱好、个性特长和健康成长的需要，班本课程实施的原则是适合并引领学生自主地积极成长，班本课程的根本宗旨是促进每个学生独特地、个性化地全面发展。

二、小学班本课程的功能

小学班本课程的功能主要是由其开发的需要和现实课程管理结构所决定的。一方面，小学班本课程的开发决定了其功能价值：一是小学班本课程这种由下而上的开发是缘于促进学生个性化的自主全面发展需要；二是小学班本课程的开发促进了现有课程的不同分类、不同形态、不同功能的发展。另一方面，小学班本课程的功能还体现在其体系的形成和实施过程中。首先，小学班本课程是以班级为单位，在充分挖掘班级所蕴含的优势资源基础上建构课程体系，彰显班级的优势资源；其次，小学班本课程体系形成后，通过实施，进一步强化、提升、丰富了班级的资源优势，使班级中的每个学生都能立足于本班级的优势氛围，通过经验共享，促进自我兴趣、爱好、特长等优势的最佳发展，实现班本课程功能的最大化。

三、小学班本课程的核心

小学班本课程开发与建设的核心就是让小学生参与课程的开发与建设，让学生成为课程的主人，最后促进以班级为单位的班级文化的有效形成与发展。班级通过班本课程的开发与建设，达成班级群体共识，形成正确的班级价值观念，养成规范的良好的行为习惯，最终实现以班级为平台、以班级独特精神为纽带的班级文化生态。这种文化生态，以每个学生的独特价值为直接载体，以每个学生的个性化发展为核心目标，以班级独特的文化精神为集中表现，是一种根植于每个班级发展的文化内驱力，是凝聚班级精神，激发师生才华，实现自我悦纳、自我发展、自我完善的班级内聚力，是班级自强不息、止于至善的强大活力。

四、小学班本课程的评价

相对于国家、地方、学校课程而言，小学班本课程是最低端的、更具个性化的课程。所以，评价小学班本课程重点要从两个层面来分析：一个层面是关注班本课程的开发，另一个层面是关注班本课程的建设。从关注班本课程开发角度看，我们应该更多地看班本课程开发是否符合学生认知发展，是否符合班级教师、学生的兴趣、爱好、特长和学生个性化发展的实际需要，是否符合社会未来发展需要，是否符合人才成长的规律要求，是否符合素质教育发展的要求，等等。从关注班本课程的建设角度看，应该重点分析班本课程建设是否与育人目标一致，是否激发了学生的学习积极性和个性潜能的发挥，是否有效地促进了学生个性化发展和班级文化的有效形成，是否通过课程建设的协调一致，使师生更悦纳自己、拥有自信，促进学生个性品质的和谐发展。这两个层面的评价也是保证班本课程有序开发、科学建设的关键所在。

通过班本课程促进学生自我兴趣、爱好、特长等优势的最佳发展，是我们的初衷。

工作室成员中有高中的班主任，所以本书的内容包含了一篇高中的班本课程设计，感兴趣的读者不妨读读看，小学到高中的跨越表现在哪些地方。

王小玲

彼此成全，是为教育

（自序）

晴空，蓝得清澈，几片胖乎乎的云朵慵懒得很是肆意，片片独立的云朵各有其神态，早有文人墨客用各种美言佳句来形容它们：“似朦胧羞涩的高山雪莲，像浩瀚洁白的棉被笼住苍穹，如童年时光里一团团的棉花糖……”微风拂过，胖云们簇拥在一起，一朵云推着另一朵云，在湛蓝悠远的天空，自在逍遥。终于明白雅斯贝尔斯为什么要用云朵这个喻体来形容教育了。姿态各异的云朵，像极了我们的学生，他们虽然共有学生这一身份，也同属于某个班级，但个性却千差万别。教师也像其中的一朵云，一朵云推动着另一朵云，奔赴远方，赏无边风月。教育者与受教育者也恰是如此，一路携手，彼此成全。

本书的编委、作者们无不深谙“师生就是要彼此成全”的道理，他们都是深耕在中小学一线的教育工作者，且都是班级建设的灵魂人物——班主任。他们深入了解班级的每一个孩子，读懂孩子，疏通自己与孩子的心桥路程，蹲下来看孩子，与孩子一般拥有一颗童心，与孩子在一起，赋予孩子课程开发的权利，与孩子齐心协力，共同探索属于他们彼此的成长宝典——班本课程。

我国第八次课程改革，《基础教育课程改革纲要（试行）》明确提出，实行国家、地方和学校三级课程管理，那么顺着国家——地方——校本这样的思路继续纵向延伸，班本课程呼之欲出。然而，班本课程的开发价值与存在意义并不仅仅如此，更在于凸显学生的主体性，更加聚焦“教育要以生为本，以学生为中心”的育人理念。班主任是班级的灵魂人物，而学生是班级的主人，因此，本书的作者们充分结合本班学生的实际情况，在进行充分的学情调研与分析的基础上，与学生一起，与学生心灵相通，尽可能地接近孩童的心理，跟学生同心协力，开发出适合本班实际发展需要的系列课程，这些课程或围绕班级文化建设展开，如王小玲老师和她的学生们共同开发的《点点四季》；或致力于小学低段学生习惯的养成，如王琪老师开发的《少成若天性　习惯成自然》；或将中国传统文化的“和文化”与美相结合，如谢霞老师创设的《和美文化下的幸福教育》；或聚焦小学高段学生的生涯意识启蒙，如贾取老师跟她即将升入初中对未来职业生涯有无限好奇的小小少年们共同开发的《生涯起航》……

你是一朵云，我也是一朵云，我们各自独立，又相拥而行，彼此成全。我们期待，有更多优质的班本课程，有更多属于你们的彼此成全的教育故事。

编　者

前言

FOREWORD

班本课程是指以班级为单位，以班主任为主自行规划、设计、实施的课程，不在国家基础教育课程设置实验方案之列，其实质是原有课程（包括国家课程、地方课程与校本课程）的班本化，也是班级活动、班级资源的课程化，可看成是校本课程开发的一个方面。本书的班级课程开发内容集班级课程、班级活动、班队建设、班级文化、经典诗文、节日习俗等于一身，如王小玲老师的《点点四季》巧妙地将四季变化特色与人文素养的培育融合教学，又如赖美芳老师的《趣味剪纸》将中国的传统文化——剪纸作为陶冶孩子们情操的教学元素，再如叶楚欣老师的《走近十二生肖，贴近传统文化》的每一课时设计始终都围绕着传承中国优秀传统文化来展开，还有王琪老师的《少成若天性 习惯成自然》将孩子们与树苗成长同化，谢霞老师在《和美文化下的幸福教育》中将中国传统的“和文化”与美相结合创设“和美文化”以及叶小美老师的《行走在花香四溢的教室》等。多位班主任老师都在不断地探索帮助孩子们健康成长、促进个性发展的教学方法，也希望能为班主任的班级管理和教育提供最佳平台。

目 录

CONTENTS

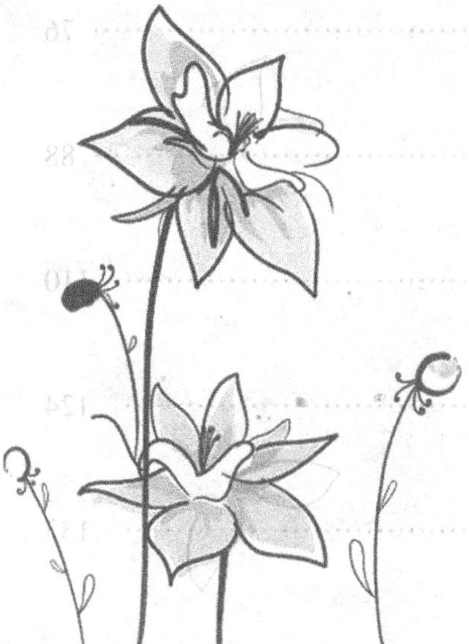

点点四季

——班级文化建设综合实践课程

深圳市宝安区灵芝小学　王小玲

一、前言

1982年，美国纽约大学教授尼尔·波茨曼出版了《童年的消逝》一书。书中有一重要观点，即：捍卫童年！作者呼吁，童年概念是与成人概念同时存在的，儿童应充分享受大自然赋予的童年生活，教育不应为儿童的未来而牺牲儿童的现在，不能从未来的角度提早设计儿童的当下生活……

孩子的童心需要保护！

在我们的班级文化建设上，我们怎样来落实保护童心的教育呢？我们与孩子们共同的家——教室，我们可以让它充满诗情画意，洋溢纯真与温暖，我们秉着“贴近健康，贴近性灵，贴近生活”的理念，联合家庭，帮助孩子们一起画出心中最美的彩虹，打造一间童心飞扬的教室。

教室文化外显的部分主要包括教室墙面布置、桌椅的摆放、板报的布局、走廊的美化等。内显的是班风、班训、班规及班级的培养目标等制度的建立。本课程的设计主要针对外显的物质文化的布置，引导孩子们认识掌握为何布置、如何布置以及策划、完成过程。教室是孩子们的，如何布置孩子们有话语权。同时也希望孩子们能够从这个课程中获得更高的综合素养，实现老师和孩子共同成长。

学校是因学生而存在的，学生的兴趣与需要、个性的充分发展，是班本课程开发的重要依据。学生的发展需求具有一定的共性：健康生活的需求、快乐学习的指导、成长成功的体验、创新思维品质的养成。

二、课程性质

综合实践课程。

三、课程目标

（1）结合四季主题课程，使学生掌握季节的特征，学习用儿歌、诗词、散文的表达方式描述季节的特点，表达自己的情感，从而发展兴趣、爱好、特长。

（2）学生通过折纸、剪纸、绘画呈现作品，以及作品的张贴摆放等方式，表现自己对季节的理解，从而拓展知识领域，培养创新精神和实践能力。

（3）学生通过观看、阅读、评价自己与他人的作品，提高审美能力，获得亲身体验，产生积极的情感，学会分享与合作，最终使学生热爱班级、热爱生活、适应社会。

四、课程内容

（1）四季主题学习。

（2）诗歌习作创作学习。

（3）画、折、剪四季代表物：柳条、荷花、枫叶、蜡梅及小动物等。

（4）布置张贴学习。

（5）欣赏评价。

五、实施建议

本课程主要与语文课单元主题相结合，采取以学生的小组合作学习为主的“活动—发展”教学方法，辅之以必要的“情景—质疑”启发式教学法和实践教学法。

六、课程评价

学生自评、小组互评、班级展示相结合；过程评价与作品打分相结合；教师评分与学生互评相结合；情感态度与协作精神相结合的多元评价。

（一）过程性评价标准

优秀：态度明确，积极参与，主动探究。良好：态度端正，主动参与，认真完成各项任务。合格：态度较端正，能参与活动，按时完成各项任务。

（二）实践作品标准

优秀：主题明确有创意，材料独特，制作精美。良好：主题明确，材料运用得当，能完成作品。合格：能完成作品。

七、教学设计

春季

第一课　春天来啦

【教学目标】

（1）丰富学生的心灵，让学生体会和发现大自然的美。

（2）学生通过收集有关资料，增长见识，开阔视野，锻炼信息的收集和整理能力。

（3）收集并阅读与春天有关的词句、诗歌、歌曲、散文，让学生在品读吟唱中感受春天的美丽。

【教学过程】

1. 踏春

教师带领孩子们到校园踏春，日月池塘旁的鲜花姹紫嫣红；球场边上一簇一簇的三角梅正吐露芬芳，吸引着纷飞的蝴蝶；顶楼的小农场各样蔬菜，浅绿的、翠绿的、深绿的，正用自己的方式展露春天的气息……

（1）带上笔记本记录下你眼中的春天。你对春天里的什么景物、事物最感兴趣？想一想：对感兴趣或者喜欢的景物、事物你了解多少？还有哪些地方你不清楚？这就要努力通过观察来搞清楚——认真地看、听、嗅、触摸……除了观察之外，还要注意发现一些问题，要注意做好观察笔记，做好资料积累：笔记、标本、绘画、照片……都可以。

（2）回到教室分小组进行总结，选择其中一两个小组进行展示。

提示：引导学生从“我看到了”“我听到了”“我闻到了”“我触到了”……进行汇报。

2. 赏春

（1）诗歌组、歌曲组、散文组分别进行资料展示。

（2）总结评价。

3. 作业布置

创作一幅绘画作品《春天来了》。

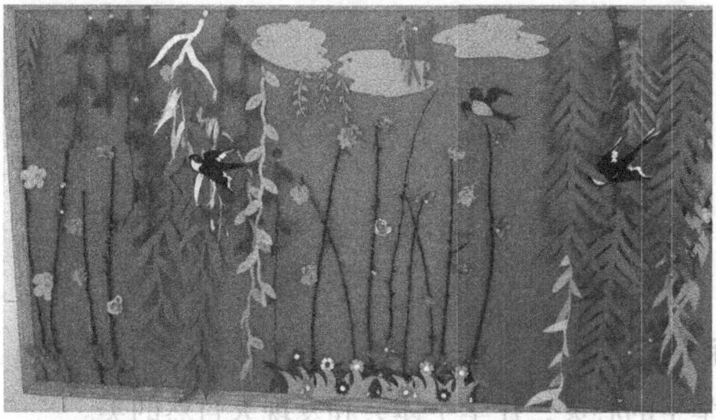

莺歌燕舞，繁花盛开，柳条也在春风里荡漾着快乐

◆·第二课　我眼中的春天——诗歌创作·◆

【教学目标】

（1）让学生学习诗歌《春的消息》，拓展《听春》《春天》的学习，读懂诗歌内容。

（2）让学生初步感受诗歌的文体特点，能基于《春天》进行适度仿说。

（3）引领孩子们在诗歌的学习创编中感受春天的美，激发孩子们对大自然的热爱。

【教学过程】

1. 导入

听音乐《春晓》《春天来了》《春天在哪里》，说说三首歌曲的相同之处。

2. 析春——《春的消息》

（1）读一读，找一找春的消息。

（2）学习“风，摇绿……，风，吹出……；水，染绿……，水，映出……”的句式，并创编诗歌。

3. 写春

（1）朗读《听春》《春天》，学习运用比喻、拟人的修辞手法来描述春天。

（2）仿写。

（3）交流展示评价。

4. 小结

今天，我们欣赏了很多描绘春天的诗歌，虽然每位创作者的创作角度、表达手法不同，但是他们都在传递着一个同样的信息：春光美好，充满生机。细心的同学一定能感受到春天就在身边！

春天来啦，春天来啦，就连国画里的春天都溢满了花香

◆·第三课　春的精灵——小制作·◆

【教学目标】

（1）创设情境走进春天，使学生了解春季给自然界带来的变化，知道春天的常用色彩及春天的活动，利用各种方法表现春天。

（2）通过感知、欣赏引导学生对春天进行探究，训练学生的色彩感受能力和对色彩的识别能力，用绘画、折纸、剪纸的形式表现春天的景色及人和动物的活动。

（3）培养学生热爱大自然、热爱生活的情感，培养学生善于发现、大胆表现、乐于交流、勇于创新的精神。

【教学过程】

1. 看春天

（1）展示春天的画面：树木、田野、花草、河流、小动物，放风筝、农民耕地、踏青。你从哪些地方感觉到春天来了？

总结：颜色，春天的色彩；活动，春天里人的活动。

（2）说说你对春天的感受：充满生机的季节，一年之计在于春……有很多赞美春天的方式（启发学生除了绘画以外，还可以通过折纸、剪纸等多种方法来表现美丽的春天）。

2. 说春天

（1）讨论观察：你发现春天都有哪些色彩，主要以什么颜色为主？学生派代表汇报小组讨论、探究的结果。

（2）除了以色彩表现春天外，还可以通过什么表现春天？人、小动物、昆虫的活动，如小燕子、蜜蜂、蝴蝶……

（3）探讨学习使用剪纸、折纸的方式表现春天。

3. 绘春天

（1）学生根据自己的喜好选择表现春天的方式。

（2）学生自由制作，教师协助。

4. 作品评价

（1）学生展示作业，并告诉大家是怎样想的、怎样表现的。

（2）比一比，哪个作品你认为最有意思？为什么？

春，就爱那缤纷，缤纷的色彩、缤纷的动物，还有缤纷的童年

第四课 春天来到我身边——作品布置

【教学目标】

（1）通过欣赏室内环境布置，使学生了解作品张贴布置的层次与方法。

（2）指导学生以组为单位，设计构思如何布置教室里的春天。

（3）培养学生发现美、欣赏美、创造美的兴趣与能力。

【教学过程】

1. 创设情境，了解布局

（1）观看春意盎然的教室环境布置图片，了解环境布置的和谐与统一。

（2）学习按照大自然的规律，从上到下张贴布置的规则与方法。

2. 小组合作，设计图纸

按照教室布局，分为以下小组：左墙、右墙、左后墙、右后墙、窗台、窗户、走廊。

（1）学生按照自己的意愿，选择小组进行张贴设计。

（2）设计图纸讲解，征求大家的意见。

3. 作品上墙，春意盎然

（1）学生学习了解如何固定作品，保持作品的最佳观赏效果。

（2）小组合作将书法、诗歌、绘画、手工作品布置到教室墙上。

4. 修改评价

（1）请大家欣赏评价。

（2）根据评价进行调整。

多彩的春天和浑厚圆润的毛笔字也是非常般配的

第五课　我们的春天——欣赏评价

【教学目标】

（1）学生从自己及同学的作品中，观察春天的景，感受春天的美。

（2）学生学习用陈述、感叹、疑问的语气说句子。

（3）学生大胆地与他人交流，乐于交际。

【教学过程】

1. 忆春

（1）学生在小组里讲述在春天的主题单元里，自己学到了什么、是如何学到的。

（2）在这个单元的学习中，你最想表扬谁？为什么？

2. 赞春

（1）如果你是柳条、燕子、青蛙……你会怎样来赞美我们创造的教室之春？

（2）学习用陈述、感叹、疑问的语气说句子。

3. 惜春

（1）谈谈在平时的学习生活中如何保护我们的作品不被损坏。

（2）修补技术分享。

春天的故事，春天的古诗，我们也能编得很生动，要不，你来读读看

夏季

第一课　夏天来啦

【教学目标】

（1）丰富学生的心灵，让学生体会和发现大自然的美。

（2）学生通过收集有关资料，增长见识，开阔视野，锻炼信息的收集和整理能力。

（3）学生收集并阅读与夏天有关的词句、诗歌、歌曲、散文，让学生在品读吟唱中感受夏天的美丽。

【教学过程】

1. 享夏

教师带领孩子们到校园享夏，高大的香樟树下，绿草如茵；日月池塘旁点缀着朵朵鲜花，青蛙呱呱叫；楼顶校园农场的蔬菜在阳光下熠熠发亮……

（1）带上笔记本记录下你眼中的夏天。你对夏天里的什么景物、事物最感兴趣？想一想：对感兴趣或者喜欢的景物、事物你了解多少？还有哪些地方你不清楚？这就要努力通过观察来搞清楚——认真地看、听、嗅、触摸……除了观察之外，还要注意发现一些问题，要注意做好观察笔记，做好资料积累：笔记、标本、绘画、照片……都可以。

（2）回到教室分小组进行总结，选择其中一两个小组进行展示。

提示：引导学生从"我看到了""我听到了""我闻到了""我触到了"……进行汇报。

2. 赏夏

（1）诗歌组、歌曲组、散文组分别进行资料展示。

（2）总结评价。

3. 作业布置

创作一幅绘画作品《夏天来了》。

夏天，圆圆的荷叶、粉红的荷花布满了
河池，你可看过这么迷人的夏天

◆·第二课　我眼中的夏天——诗歌创作·◆

【教学目标】

（1）让学生学习诗歌《天净沙·夏》，拓展《夏的韵味》《夏天》的学习，读懂诗歌内容。

（2）让学生初步感受诗歌的文体特点，能基于《夏天》进行适度仿说。

（3）引领孩子在诗歌的学习创编中感受夏天的美，激发孩子对大自然的热爱。

【教学过程】

1. 导入

听音乐《宁夏》《夏天的风》，说说两首歌曲的相同之处。

2. 析夏——《夏的消息》

（1）读一读，找一找夏的消息。

（2）学习“走进夏天，风……；走进夏天，阳光……；走进夏天，树叶……；走进夏天，池塘……”的句式，并创编诗歌。

3. 写夏

（1）朗读《夏的消息》《夏的韵味》，学习运用比喻、拟人的修辞手法来描述夏天。

（2）仿写。

（3）交流展示评价。

荷叶还可以盛放在我们的头顶，看，
一抬头就能够感受到凉爽，嗅到一缕缕清香

◆·第三课　夏的精灵——小制作·◆

【教学目标】

（1）创设情境，走进春天，让学生了解夏季给自然界带来的变化，知道夏天的常用色彩及夏天的活动，利用各种方法表现夏天。

（2）通过感知、欣赏引导学生对夏天进行探究，训练学生的色彩感受能力和对色彩的识别能力，用绘画、折纸、剪纸的形式表现夏天的景色及人和动物的活动。

（3）培养学生热爱大自然、热爱生活的情感，培养学生善于发现、大胆表现、乐于交流、勇于创新的精神。

【教学过程】

1. 看夏天

（1）展示夏天的画面：树木、田野、花草、河流、小动物，游泳、海边嬉戏、农民收割。你从哪些地方感觉到夏天来了？

总结：颜色，夏天的色彩；活动，夏天里人的活动。

（2）说说你对夏天的感受：活力四射的季节——有很多赞美夏天的方式

（启发学生除了绘画以外，还可以通过折纸、剪纸等多种方法来表现热情的夏天）。

2. 说夏天

（1）讨论观察：你发现夏天都有哪些色彩，主要以什么颜色为主？学生派代表汇报小组讨论、探究的结果。

（2）除了以色彩表现夏天外，还可以通过什么表现夏天？人、小动物、昆虫的活动，如青蛙、蝉、蝈蝈……

（3）探讨学习使用剪纸、折纸的方式表现夏天。

3. 绘夏天

（1）学生根据自己的喜好选择表现夏天的方式。

（2）学生自由制作，教师协助。

4. 作品评价

（1）学生展示作业，并告诉大家是怎样想的、怎样表现的。

（2）比一比，哪个作品你认为最有意思？为什么？

我们会用卡纸折叠各式各样的荷叶、荷花，
还能用剪刀和画笔剪贴出青蛙，看看我们的作品可爱吗、喜欢吗

◆·第四课 夏天来到我身边——作品布置·◆

【教学目标】

（1）学生通过欣赏室内环境布置，了解作品张贴布置的层次与方法。

（2）指导学生以组为单位，设计构思如何布置教室里的夏天。

（3）培养学生发现美、欣赏美、创造美的兴趣与能力。

【教学过程】

1. 创设情境，了解布局

（1）观看热情之夏的教室环境布置图片，了解环境布置的和谐统一。

（2）学习按照大自然规律，从上到下张贴布置的规则与方法。

2. 小组合作，设计图纸

按照教室布局，分为以下小组：左墙、右墙、左后墙、右后墙、窗台、窗户、走廊。

（1）学生按照自己的意愿，选择小组进行张贴设计。

（2）设计图纸讲解，征求大家的意见。

3. 作品上墙，热情之夏

（1）学生学习了解如何固定作品，保持作品的最佳观赏效果。

（2）小组合作将书法、诗歌、绘画、手工作品布置到教室墙上。

4. 修改评价

（1）请大家欣赏评价。

（2）根据评价进行调整。

除了折叠，我们也会采用绘画和实物粘贴的方式来表现夏天，看我们的水彩加树叶装饰画，是不是也能把你带进凉爽的夏天

第五课　我们的夏天——欣赏评价

【教学目标】

（1）学生从自己及同学的作品中，观察夏天的景，感受夏天的美。

（2）学生学习用陈述、感叹、疑问的语气说句子。

（3）学生大胆地与他人交流，乐于交际。

【教学过程】

1. 忆夏

（1）学生在小组里讲述在夏天的主题单元里，自己学到了什么、是如何学到的。

（2）在这个单元的学习中，你最想表扬谁？为什么？

2. 赞夏

（1）如果你是荷花、蝉、青蛙……你会怎样来赞美我们创造的教室之夏？

（2）学习用陈述、感叹、疑问的语气说句子。

3. 惜夏

（1）谈谈在平时的学习生活中如何保护我们的作品不被损坏。

（2）修补技术分享。

随风荡漾的柳枝，轻抚着我们的脸颊，
我们的书声中都飘散着大自然的气息

秋季

第一课　秋天来啦

【教学目标】

（1）丰富学生的心灵，让学生体会和发现大自然的美。

（2）学生通过收集有关资料，增长见识，开阔视野，锻炼信息的收集和整理能力。

（3）学生收集并阅读与秋天有关的词句、诗歌、歌曲、散文，让学生在品读吟唱中感受秋天的美丽。

【教学过程】

1. 享秋

教师带领孩子们到校园享秋，高大的香樟树下，落叶飘飘；日月池塘旁各色花儿开始枯萎凋零，菊花却开得金黄灿烂；楼顶校园农场的蔬菜开始变黄……

（1）带上笔记本记录下你眼中的秋天。你对秋天里的什么景物、事物最感兴趣？想一想：对感兴趣或者喜欢的景物、事物你了解多少？还有哪些地方你不清楚？这就要努力通过观察来搞清楚——认真地看、听、嗅、触摸……除了观察之外，还要注意发现一些问题，要注意做好观察笔记，做好资料积累：笔记、标本、绘画、照片……都可以。

（2）回到教室分小组进行总结，选择其中一两个小组进行展示。

提示：引导学生从“我看到了、我听到了、我闻到了、我触到了”……进行汇报。

2. 赏秋

（1）诗歌组、歌曲组、散文组分别进行资料展示。

（2）总结评价。

3. 作业布置

创作一幅绘画作品《秋天来了》。

秋，是收获，是成熟。我们的秋
在文章里，在落叶里，在我们的眼里、心里

第二课　我眼中的秋天——诗歌创作

【教学目标】

（1）让学生学习诗歌《天净沙·秋思》，拓展《秋天》《秋天的歌》的学习，读懂诗歌内容。

（2）让学生初步感受诗歌的文体特点，能基于《秋天》进行适度仿说。

（3）引领孩子在诗歌的学习创编中感受秋天的美，激发孩子对大自然的热爱。

【教学过程】

1. 导入

师朗读《山居秋暝》《秋风词》，说说两首诗词的相同之处。

2. 析秋——《天净沙·秋思》

（1）读一读，找一找秋的消息。

（2）学习“秋风起，河水……；秋雨绵，稻田……；秋叶落，动物……”的句式，并创编诗歌。

3. 写秋

（1）朗读《秋天》《秋天的歌》，学习运用比喻、拟人的修辞手法描述秋天。

（2）仿写。

（3）交流展示评价。

在枫叶流丹的季节里，我们以诗会友，
关于秋天的诗歌，我们可以写很多很多

第三课　秋的精灵——小制作

【教学目标】

（1）创设情境，走进秋天，让学生了解秋季给自然界带来的变化，知道秋天的常用色彩及秋天的活动，用各种方法表现秋天。

（2）通过感知、欣赏引导学生对秋天进行探究，训练学生的色彩感受能力和对色彩的识别能力，用绘画、折纸、剪纸的形式表现秋天的景色及人和动物的活动。

（3）培养学生热爱大自然、热爱生活的情感，培养学生善于发现、大胆表现、乐于交流、勇于创新的精神。

【教学过程】

1. 看秋天

（1）展示秋天的画面：树木、田野、果园、河流、小动物、秋收。你从哪些地方感觉到秋天来了？

总结：颜色，秋天的色彩；活动，秋天里人的活动。

（2）说说你对秋天的感受：硕果累累的丰收季节——有很多赞美秋天的方式（启发学生除了绘画以外，还可以通过折纸、剪纸等多种方法来表现五彩缤纷的秋天）。

2. 说秋天

（1）讨论观察：你发现秋天都有哪些色彩，主要以什么颜色为主？学生派代表汇报小组讨论、探究的结果。

（2）除了通过色彩表现秋天外，还可以通过什么表现秋天？人、小动物、昆虫的活动，如大雁、果实、落叶……

（3）探讨学习使用剪纸、折纸的方式表现秋天。

3. 绘秋天

（1）学生根据自己的喜好选择表现秋天的方式。

（2）学生自由制作，教师协助。

4. 作品评价

（1）学生展示作业，并告诉大家是怎样想的、怎样表现的。

（2）比一比，哪个作品你认为最有意思？为什么？

“自古逢秋悲寂寥，我言秋日胜春朝。晴空一鹤排云上，便引诗情到碧霄。”我们的秋天总能给人以喜悦

第四课　秋天来到我身边——作品布置

【教学目标】

（1）通过欣赏室内环境布置，使学生了解作品张贴布置的层次与方法。

（2）指导学生以组为单位，设计构思如何布置教室里的秋天。

（3）培养学生发现美、欣赏美、创造美的兴趣与能力。

【教学过程】

1. 创设情境，了解布局

（1）学生观看硕果累累的教室环境布置图片，了解环境布置的和谐统一。

（2）学生学习按照大自然的规律，从上到下张贴布置的规则与方法。

2. 小组合作，设计图纸

按照教室布局，分为以下小组：左墙、右墙、左后墙、右后墙、窗台、窗户、走廊。

（1）学生按照自己的意愿，选择小组进行张贴设计。

（2）设计图纸讲解，征求大家意见。

3. 作品上墙，收获之秋

（1）学生学习了解如何固定作品，保持作品的最佳观赏效果。

（2）小组合作将书法、诗歌、绘画、手工作品布置在教室墙上。

4. 修改评价

（1）请大家欣赏评价。

（2）根据评价进行调整。

走廊金灿灿的秋天和旁边翠绿的杧果树相映成趣，
秋还是夏呢？只有我们的走廊能给你带来这样特别的体验

第五课　我们的秋天——欣赏评价

【教学目标】

（1）学生从自己及同学的作品中，观察秋天的景，感受秋天的美。

（2）学生学习用陈述、感叹、疑问的语气说句子。

（3）学生大胆地与他人交流，乐于交际。

【教学过程】

1. 忆秋

（1）学生在小组里讲述在秋天的主题单元里，自己学到了什么、是如何学到的。

（2）在这个单元的学习中，你最想表扬谁？为什么？

2. 赞秋

（1）如果你是落叶、果实、大雁……你会怎样来赞美我们创造的教室之秋？

（2）学习用陈述、感叹、疑问的语气说句子。

3. 惜秋

（1）谈谈在平时的学习生活中如何保护我们的作品不被损坏。

（2）修补技术分享。

枫叶是秋的精灵，搭配上我们小诗人自己
编写的古诗文，浓浓的秋意养眼又养心

冬季

第一课　冬天来啦

【教学目标】

（1）丰富学生的心灵，让学生体会和发现大自然的美。

（2）学生通过收集有关资料，增长见识，开阔视野，锻炼信息的收集和整理能力。

（3）学生收集并阅读与冬天有关的词句、诗歌、歌曲、散文，让学生在品读吟唱中感受冬天的美丽。

【教学过程】

1. 享冬

教师带领孩子们到校园享冬，高大的香樟树已经把叶子脱下了一半，另一半在寒风中瑟瑟抖动，绿草如茵的操场已经成了光秃秃的泥地，轻轻一踩还能扬起黄色的灰尘；日月池塘旁的小花小草也不见了踪影，青蛙早已躲到洞里睡大觉了；楼顶校园农场的蔬菜也只剩下孤孤单单的芥蓝了……

（1）带上笔记本记录下你眼中的冬天。你对冬天里的什么景物、事物最感兴趣？想一想：对感兴趣或者喜欢的景物、事物你了解多少？还有哪些地方你不清楚？这就要努力通过观察来搞清楚——认真地看、听、嗅、触摸……除了观察之外，还要注意发现一些问题，要注意做好观察笔记，做好资料积累：笔记、标本、绘画、照片……都可以。

（2）回到教室分小组进行总结，选择其中一两个小组进行展示。

提示：引导学生从“我看到了”“我听到了”“我闻到了”“我触到了”……进行汇报。

2. 赏冬

（1）诗歌组、歌曲组、散文组分别进行资料展示。

（2）总结评价。

3. 作业布置

创作一幅绘画作品《冬天来了》。

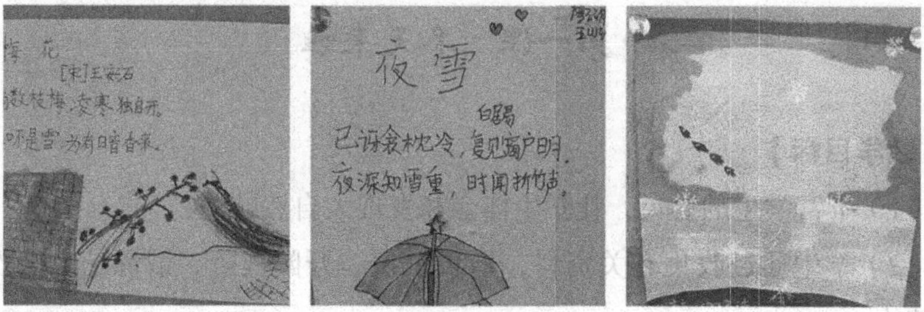

冬天，我们用什么来表达呢？让我先来吟诵一首
《夜雪》吧，虽然南方的冬天没有飞扬的雪花，也让我们憧憬一番吧

◆·第二课 我眼中的冬天——诗歌创作·◆

【教学目标】

（1）让学生学习诗歌《梅花》，拓展《冬天的雨》《雪花的快乐》的学习，读懂诗歌内容。

（2）让学生初步感受诗歌的文体特点，能基于《雪花的快乐》进行适度仿说。

（3）引领孩子在诗歌的学习创编中感受冬天的美，激发孩子对大自然的热爱。

【教学过程】

1. 导入

听音乐《雪花》《冬天的雨》，说说两首歌曲的相同之处。

2. 析冬——《梅花》

（1）读一读，找一找冬的消息。

（2）学习：以“假如我是一朵雪花……”的句式创编诗歌。

3. 写冬

（1）朗读《冬天的雨》《雪花的快乐》，学习运用比喻、拟人、夸张的修辞手法描述冬天。

（2）仿写。

（3）交流展示评价。

这是冬天的蜡梅呢，不是桃花，再说一遍，这是冬天开放的蜡梅！

◆·第三课　冬的精灵——小制作·◆

【教学目标】

（1）创设情境，走进冬天，使学生了解冬季给自然界带来的变化，知道冬天的常用色彩及冬天的活动，利用各种方法表现冬天。

（2）通过感知、欣赏引导学生对冬天的探究，训练学生的色彩感受能力和对色彩的识别能力，用绘画、折纸、剪纸的形式表现冬天的景色及人和动物的活动。

（3）培养学生热爱大自然、热爱生活的情感，培养学生善于发现、大胆表现、乐于交流、勇于创新的精神。

【教学过程】

1. 看冬天

（1）展示冬天的画面：树木、田野、花草、河流、小动物，玩雪、包饺子。你从哪些地方感觉到冬天来了？

总结：颜色，冬天的色彩；活动，冬天里人的活动。

（2）说说你对冬天的感受：安静美好的冬天——有很多赞美冬天的方式（启发学生除了绘画以外，还可以通过折纸、剪纸等多种方法来表现安静的冬天）。

2. 说冬天

（1）讨论观察：你发现冬天都有哪些色彩，主要以什么颜色为主？学生派代表汇报小组讨论、探究的结果。

（2）除了以色彩表现冬天外，还可以通过什么表现冬天？人，如穿着厚厚的服装……

（3）探讨学习使用剪纸、折纸的方式表现冬天。

3. 绘冬天

（1）学生根据自己的喜好选择表现冬天的方式。

（2）学生自由制作，教师协助。

4. 作品评价

（1）学生展示作业，并告诉大家是怎样想的、怎样表现的。

（2）比一比，你认为哪个作品最有意思？为什么？

蜡梅配上我们小小书法家们的书法，是不是别有一番风味呢

第四课　冬天来到我身边——作品布置

【教学目标】

（1）通过欣赏室内的环境布置，使学生了解作品张贴布置的层次与方法。

（2）指导学生以组为单位，设计构思如何布置教室里的冬天。

（3）培养学生发现美、欣赏美、创造美的兴趣与能力。

【教学过程】

1. 创设情境，了解布局

（1）让学生观看安静美好的冬天的教室环境布置图片，了解环境布置的和谐统一。

（2）让学生学习按照大自然的规律，从上到下张贴布置的规则与方法。

2. 小组合作，设计图纸

按照教室布局，分为以下小组：左墙、右墙、左后墙、右后墙、窗台、窗户、走廊。

（1）学生按照自己的意愿，选择小组进行张贴设计。

（2）设计图纸讲解，征求大家意见。

3. 作品上墙，料峭之冬

（1）学生学习了解如何固定作品，保持作品的最佳观赏效果。

（2）小组合作将书法、诗歌、绘画、手工作品布置到教室墙上。

4. 修改评价

（1）请大家欣赏评价。

（2）根据评价进行调整。

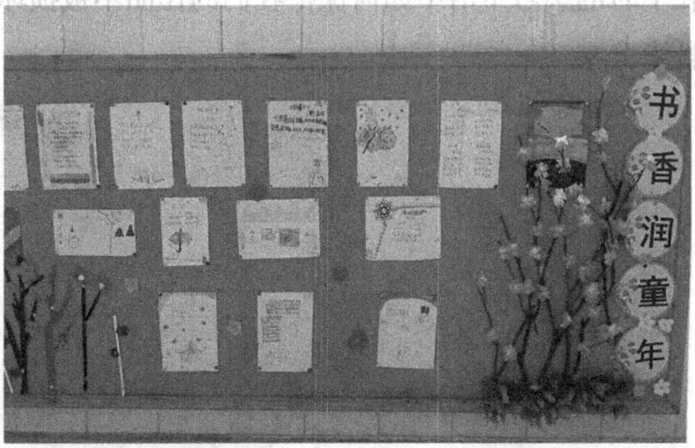

蜡梅的表现手法也有很多种，我们直接将
蜡梅粘贴到枯树枝上，视觉效果是不是超好

第五课　我们的冬天——欣赏评价

【教学目标】

（1）学生从自己及同学的作品中，观察冬天的景，感受冬天的美。

（2）学生学习用陈述、感叹、疑问的语气说句子。

（3）学生大胆地与他人交流，乐于交际。

【教学过程】

1. 忆冬

（1）学生在小组里讲述在冬天的主题单元里，自己学到了什么、是如何学到的。

（2）在这个单元的学习中，你最想表扬谁？为什么？

2. 赞冬

（1）如果你是梅花、青松……你会怎样来赞美我们创造的教室之冬？

（2）学习用陈述、感叹、疑问的语气说句子。

3. 惜冬

（1）谈谈在平时的学习生活中如何保护我们的作品不被损坏。

（2）修补技术分享。

冬天的美，你感受到了吗？我们每天就是这么幸福地徜徉在我们的走廊上，哪怕寒风凛冽，看到我们的作品如此完美地呈现在我们眼前，心里就会涌上无限的温暖

少成若天性 习惯成自然

——小树中队习惯养成班本课程

深圳市宝安区灵芝小学 王 琪

一、课程设计背景

小学是学生行为习惯养成的重要阶段，而低年级则是这个阶段中的黄金时期。所谓“少成若天性，习惯成自然”，也就是说，小时候养成的习惯，就像天性一般存在于学生身上，自然流露。所以抓住低年级这个关键时期，培养学生良好的行为习惯就显得尤为重要。

本课程立足于班级特色，以“树”为设计的灵感来源，希望孩子们能像树一样正直，吸收阳光雨露，积极向上，茁壮成长。

二、学生发展需求

小树中队一年级入学时，孩子们行为习惯的养成程度和倾向各不相同。全面系统地学习校园生活必需的习惯，更好地适应小学阶段的学习生活，健康快乐地成长，是学生共同的发展需求。

三、课程育人目标

（1）通过学习课程和参与评价，学生能够对行为习惯养成有积极的体验，有持续成长的动力。

（2）通过观察和练习，学生能够养成良好的行为习惯，提高自理能力，提高生活素养。

（3）通过树立榜样和相互学习，班级中能够营造自立自觉自律的氛围，形成良好的班风。学生对班级文化有更深刻的认同，对自我成长有更长远的规划。

四、授课时间

每周班会课。

五、课程形式

本课程与班会课相结合，与家庭教育相结合。学生在课堂上集中学习良好行为习惯的内容，再进行个人的实践。教师在课堂上进行习惯养成教育、引导和树立榜样，与家长配合，形成学生在学校和在家里习惯养成的评价。

六、课程内容

（1）课堂行为习惯养成学习（倾听、书写）。
（2）课间行为习惯养成学习（守纪、阅读）。
（3）课后行为习惯养成学习（生活自理、注意安全）。

七、评价方式

评价用“树”的成长过程来设计评价等级，分别是“发芽”“长叶”“开花”“结果”。在这个过程中，孩子们需要用自己的良好行为来“浇灌”这棵小树的成长。评价采用过程性评价与总结性评价，学生自评和小组互评相结合，家长评价和教师评价相结合，实践效果和情感态度相结合的方式。学生通过完成任务，获得自己、同学、老师和家长的肯定来换取印章，印章可以转换为“浇灌”小树的水滴，一定数量的水滴可以让小树成长。最终小树所结的果实就是行为养成的总结性反馈。

八、教学设计

◆·第一课　小树苗成长记·◆

【教学目标】

（1）以“树”的生长类比人的成长，学生能够懂得养成良好行为习惯的重要性。

（2）学生通过学习《中小学生守则》和《中小学生行为规范》，明白良好行为习惯的具体内容。

（3）明确班本课程的学习内容和评价方式，为接下来的学习做好准备。

【教学准备】

小树主题评价榜、课件。

【教学过程】

（一）我是一棵小小树

1. 如何培养一棵树

（1）树的成长历程

（课件展示一粒种子）

问：从一粒种子长到一棵参天大树，需要经过哪些历程？

发芽→长叶→开花→结果

画一画：请学生在黑板上画出树成长的不同阶段。

（2）树的成长因素

问：一棵树要长大，需要哪些因素？

（学生自由回答，教师将这些因素补充在上一环节的黑板画上）

用努力的汗水来浇灌小树吧

2. 假如我是一棵树

问：假如你是一棵树，在成长的过程中可能会遇到什么问题？

（二）好习惯知多少

1. 坏习惯你走开

问：坏习惯就像小树成长过程中出现的问题，你在自己或同学身上发现有哪些不好的习惯呢？

（迟到、乱扔垃圾、书写马虎、注意力不集中、懒惰……）

2. 好习惯请你来

（1）教师介绍班本课程所要学习的行为习惯内容。

（2）学生自我对照。

（三）好习惯我能行

1. 我心目中的好榜样

学生评出心目中的好习惯榜样，讨论努力方向。

2. 小树评价榜

教师介绍小树评价榜的使用方法，激发学生的兴趣。

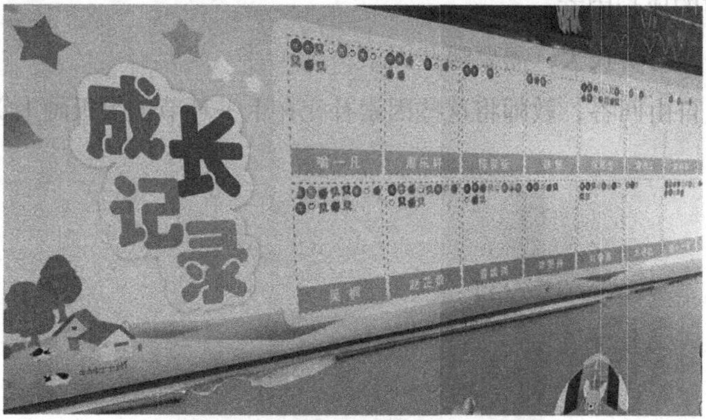

记录点滴成长，每一点进步都看得见

第二课 “大嘴兽”变可爱

【教学目标】

（1）学生能够明白书包和课桌的整洁度对于学习的重要性。

（2）学生能用实际行动整理与爱护书包和课桌，提高动手能力。

（3）学生能将整理的习惯从学校延伸到家庭，达到生活自理。

【教学准备】

平时收集的照片，“大嘴兽”头饰。

【教学过程】

1.“大嘴兽”生病了

（1）体会课桌的重要性：发给学生每人一张白纸，让大家不借助课桌在纸上写字，再让学生借助课桌来写字。让学生说说感受。

（2）播放同学们书包和课桌杂乱的照片。

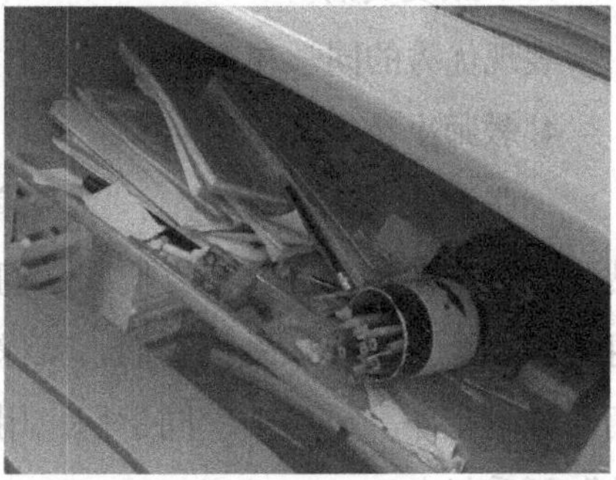

“大嘴兽”，肚子里乱糟糟的，好难受

（学生模仿“大嘴兽”）我的小主人从不理睬我，哎呀呀，瞧我又脏又乱的样子，我都不敢和其他桌子、椅子一起玩了。

我的小主人有时会替我擦一擦脸，但经常把课本文具随手往我身上一丢，唉，我多希望自己可以变漂亮一点呢。

（3）交流讨论。

① 你们的课桌和书包也有照片上这样的现象吗？

② 你喜欢整洁的课桌和书包还是喜欢脏乱的？

③ 不整理课桌和书包有哪些坏处？

2.“大嘴兽”如何变可爱

（1）表扬书包和抽屉整齐的同学。

（“大嘴兽”出场）我和小主人是好朋友，她每天为我整理，看我多么干净、多么美丽！

（2）请同学介绍经验。

① 课本分类，需要用的放进书包，暂时不用的放到抽屉里。

② 学习用品用完后放回相应的位置。

③ 书本和文具按一定的顺序排列好。

3. 谁的“大嘴兽”最可爱

（1）十分钟收拾抽屉和书包。

①按照要求，看谁整理得最好。

②提高难度，在规定的时间内完成。比比谁做得又快又好。

（2）现场评比。

（3）颁发奖励。

表现优秀的同学在小树评价榜上加盖印章。

4. 教师小结

一张课桌，一个书包，“大嘴兽”看似不起眼，却用自己的“大嘴巴”帮我们装好课本和文具，方便同学们读书写字，每天默默地陪伴在我们小朋友身边。每个人都应该爱护它们，就像爱自己的朋友。小课桌和小书包就像同学们一样爱干净、爱整洁。同学们，用你多一点爱心，多一点责任心，让“大嘴兽”可爱起来！

第三课　小小书法家

【教学目标】

（1）培养学生正确的坐姿和握笔的姿势。

（2）培养学生规范书写的好习惯。

（3）激发学生爱写字、写好字的兴趣。

【教学准备】

学生优秀书法作品若干，田字格书法练习纸若干，学生自备铅笔、橡皮。

【教学过程】

1. 猜一猜，说一说

（1）猜谜：十个小朋友，五个在左，五个在右；十个小朋友，你有我有大家都有。猜猜是什么？（手）

（2）说说：你的小手会做什么事？哪些是令你自豪的？

2. 比一比，学一学

（展示学生优秀的书法作品）

（1）比一比：谁的小手更灵巧？谁的书法作品更好看？

（2）学一学：优秀作品有哪些值得学习的地方？这些同学是怎么写出来的？

3. 想一想，写一写

（1）想一想：写字的正确姿势是什么？

① 小组内交流正确的写字姿势。

② 教师巡查、纠正并做示范。

口诀：“肩要平，头要正，背要直，脚放平，一尺一寸一拳要记牢。”

（2）写一写：我是小小书法家。

① 每个同学发一张田字格书法练习纸，教师规定内容和时间，比赛写字，看谁写得好，谁的写字姿势最美。

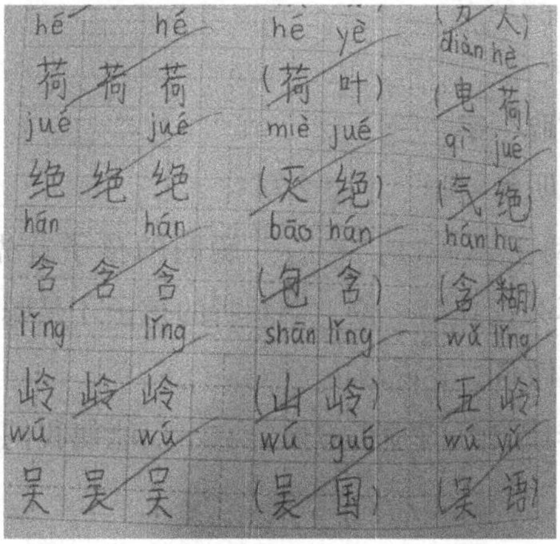

横平竖直，用心写字

② 小组评比，班级评比，颁发奖励。

4. 教师小结

写好字不是一朝一夕便能完成的事情，养成良好的习惯要靠坚持。希望同学们每天都能够注意自己的写字姿势，规范写字，每个人都可能成为小小书法家。

第四课　做一个好听众

【教学目标】

（1）学生了解“倾听”老师讲话和同学发言是对别人的尊重。

（2）学生懂得“倾听”的基本要求。

（3）学生逐步学会克制自己想要“插嘴”、打断别人发言的冲动。

（4）学生逐步养成遵守发言顺序、耐心倾听别人发言的习惯。

【教学准备】

（1）情景剧《最佳“听众”》。

（2）卡纸若干份。

（3）小奖品。

【教学过程】

1. 导入：趣说“聪”字

提问：谁知道聪明的“聪”字怎么写？

回答：一耳，两手，一口，一心。聪明的孩子首先是会倾听的，因为“聪”字把大大的耳朵摆在第一位，会倾听的孩子才是聪明的孩子。它告诉我们，要先做后说，多做事，少说话。

总结：一定要养成良好的倾听习惯，它不仅能使我们获得知识，还能交到更多的朋友。

2. 游戏

规则：故事中会出现多次“蜜蜂”和“蜂蜜”这两个词，每当听到“蜜蜂”时，男生举手；听到“蜂蜜”时，女生举手。

故事：《黑熊和棕熊大比拼》。

讨论：为什么有的同学能在活动中反应又快又准确？有的同学出错比较多？

点评：前提是认真倾听。

3. 情景剧

剧名：《最“佳”听众》。

提问：到底是什么原因影响我们的倾听呢？请同学表演《最“佳”听

众》，其他同学看看，这三位听讲的同学，倾听水平怎样。

采访表演者：你在讲话时，感觉怎么样？

小组讨论：什么是不良倾听行为的表现？什么是良好倾听行为的表现？

认真听讲的孩子最可爱

总结：

（1）倾听行为的含义。

（2）良好的倾听表现。

通过交流，我们了解了哪些是不好的倾听行为、哪些是良好的倾听行为。请你轻声读一读，把这些秘诀记在心里。

4. 训练

故事：《骆驼妈妈》。

规则：请两名观察员，观察同学们的倾听表现。

自我评价：你有哪些不良倾听行为？该如何改进？

5. 教师小结

但愿每一位同学都能养成良好的倾听习惯，做一个会听课的好学生，在倾听中学到知识，在倾听中学会思考，在倾听中获得成长。

◆·第五课 文明课间齐参与·◆

【教学目标】

（1）改善课间无序和打闹的现象，减少意外伤害事故的发生。

（2）学生通过合理合适的活动缓解学习上的疲劳，提高课堂学习效率。

（3）学生养成遵规守纪的习惯，营造文明的课间氛围。

【教学准备】

平时课间活动的照片，若干游戏器材，图书。

【教学过程】

1. 课间活动小调查

（1）你平时课间都做什么事情？

（2）课间有哪些不文明的现象？

① 坐在地上玩，又脏又不文明。

② 往下丢东西，危险且没有公德心。

③ 趴在楼道边往外看，非常危险。

④ 在楼道跑上跑下，危险。

……

2. 课间安全教育

（1）学习《课间安全三字经》

守规范　遵纪律　懂安全　我做起

不逞能　不冒险　慎微小　记心间

前车覆　后车鉴　安全事　永在怀

校园内　讲安全　爬楼梯　有危险

摔折骨　终身憾　上下楼　忌推搡

胡乱跑　会跌跤　大声哗　使人烦

慢慢走　小声说　无事故　学习好

成绩优　人人夸

（2）课间安全知识抢答

① 在楼梯、走廊、过道上行走时，遇到同学应（礼貌让路，不得抢先、拥挤，靠右慢走、讲秩序）。

② 行至拐弯处要小心，避免（碰撞、慢慢行）。

③ 下楼梯不（跑）不（跳）（稳步）走，保持距离（不推拉）。

④ 在教室里休息不要（追逐打闹），防止（相互碰撞）。

3. 文明课间齐参与

（1）课间应该做哪些事情？

① 准备好下节课要用的学习用品。

② 抓紧时间去洗手间。

③ 和同学说说话，聊聊天。

爱护图书，你我有责

（2）歌谣《文明课间》。

教室里轻慢步，走廊上靠右行。

转弯口要减速，见面礼要牢记。

课间时不奔跑，如厕后回教室。

教室里同学多，请轻声把话说。

（3）适合课间的游戏。

① 你平时课间玩什么游戏？

②课间游戏的要求（安静、有序、安全）。

③适合课间的游戏。

“东南西北”“你比我猜”“照镜子”、国际象棋、词语卡片等。

4. 教师小结

文明的课间活动，既能保障同学们的安全，还能开发智力，增进友谊。希望同学们都能积极地参与到文明的课间活动中来，让“文明之花”开满我们的校园！

第六课　一缕书香伴成长

【教学目标】

（1）通过交流，学生能够正确认识阅读的作用，激发阅读的兴趣。

（2）引导学生正确选择好书，养成认真阅读的习惯。

（3）在班级中形成良好的阅读氛围。

【教学准备】

好书推荐卡。

【教学过程】

1. 书的故事

（1）我和书的故事。

①你读书的过程中发生过什么好玩的事？

尽情遨游在知识的海洋

② 你的阅读时间一般是多长？在哪里阅读？

③ 阅读让你有什么变化？

（2）名人和书的故事。

① 名人勤奋读书的故事。

② 你还知道哪些名人和书的故事？

③ 从这些故事中你懂得了什么道理？

2. 阅读知识抢答

（1）请说出和读书有关的名言警句。

（2）请说出自己读过的名著。

3. 好书推荐

（1）请同学介绍他自己读过的好书。

（2）教师展示好书推荐卡，同学们从中认识更多的好书。

（3）总结适合小学生阅读的书的特点。

4. 教师小结

同学们读过的书真不少，有些同学都快成小小藏书家了！读书，就是听许多的故事，看许多人走过的路，见识许多别处的生活。读书，使我们的精神世界更加丰富、更加精彩。

第七课 勤俭节约从我做起

【教学目标】

（1）提高学生勤俭节约的意识，懂得幸福生活来之不易。

（2）培养学生自觉节约用水、用纸和爱惜物品等好习惯。

（3）树立勤俭节约从我做起、从小事做起的意识。

【教学准备】

教育视频、《“小皇帝”的一天》情景剧。

【教学过程】

1. 生活中的浪费现象

（1）观看平时同学浪费纸张、用水和损坏物品的视频。

（2）反思：我自己有没有这样的行为？

2. 情景剧

（1）观看情景剧《“小皇帝”的一天》。

（梗概：小欢早上起来，爷爷奶奶做好了早餐，他不想吃，就出去买。上学时，一张纸画了两笔就揉揉扔掉了。晚上在家吃饭，饭菜掉满桌。洗澡时，一直在哗啦啦放水。）

（2）你喜欢情景剧里的小欢吗？你想对他说什么？

3. 勤俭节约好习惯

（1）为什么要勤俭节约？

（虽然我们现在的生活已经不愁吃穿，但是世界上还有很多地方的人吃不饱、穿不暖。地球上的资源是有限的，我们要珍惜来之不易的幸福生活，不能随意浪费。）

（2）你知道哪些勤俭节约的故事或名人名言？

① 名言：谁知盘中餐，粒粒皆辛苦。

② 一粥一饭，当思来之不易；一丝一缕，恒念物力维艰。

③ 历览前贤国与家，成由勤俭破由奢。

（3）在平时的生活中，我们有哪些行为是勤俭节约的表现？

① 关紧水龙头，节约每一滴水。

② 不开无人灯，节约每一度电。

③ 不乱扔纸屑，节约每一张纸。

④ 不攀比挑食，节约每一粒米。

⑤ 不随意进出小卖部，节约每一分钱。

4. 教师小结

节约可以利用的资源，就相当于创造了更多的财富。大家从小事做起，从身边事做起，勤俭节约会成为校园新风尚！

◆·第八课 我是家务小能手·◆

【教学目标】

（1）学生能够意识到做家务对培养生活能力的重要性。

（2）学生能够掌握一定的技巧，增强做家务的成就感。

（3）学生能够发现做家务的乐趣，逐步提高生活素养。

【教学准备】

班里同学做家务的视频。

【教学过程】

1. 联系生活，创设情境

（1）同学们，你们平时在家里帮爸妈做什么家务活？

（学生回答后，教师可以给予适当的鼓励，借机对学生进行爱家庭、爱劳动的教育）

（2）你觉得做家务有什么好处？

打扫卫生我能行

2. 动手实践，交流感想

（1）你最擅长的家务活是什么？

（2）观看同学做家务的视频，说说自己的感想。

（3）小组比赛收拾抽屉和书包，做得好的同学谈谈经验。

3. 反思总结，课外延伸

（1）如何做好家务活？（学生自由发言）

（2）老师和学生互动交流，达成一致的经验总结。

（拖地、洗碗和收拾房间等，有哪些窍门）

（3）通过这节课你学到了什么？

（不要求回答完整，但要体现反思意识和总结能力）

4. 教师小结

通过本次班会课，同学们认识到了做家务的重要性，同时懂得了做好家务也需要一定的技巧。在实践过程中，同学们都非常积极。老师发现大家都是爱劳动、勤思考的好孩子，希望这次课的学习所得，大家能够用到生活中去，在家里做个真正的家务小能手。

第九课　安全第一记心间

【教学目标】

（1）通过活动，学生能够意识到安全的重要性。

（2）学习安全知识，掌握安全知识，提高安全意识。

（3）提高生活素养和能力，学会保护自己和他人的生命安全。

【教学准备】

安全教育视频、知识竞赛题目。

【教学过程】

1. 家庭安全

（1）请听小故事。

爸妈上班去了，小明独自一人在家。小明打开了电视，边吃零食边看电视。这时有人敲门，小明问："谁呀？"门外人回答："我呀！你魏叔叔。""魏叔叔？怎么没听爸爸说过呀。"门外人说："哦，我是新来的。你爸爸让我来帮他拿点东西。"小明打开门，叔叔问："小朋友，你一个人在家呀？”小明点点头。叔叔拿出刀，恐吓小明，让他不许说话。然后翻箱倒柜，把家里的钱都拿走了。

（2）小组讨论：听了这个故事，你认为小明做得对吗？如果发生在你身上，你会怎么做？

（3）小结：独自在家时，陌生人敲门不要理他。熟人敲门也要确认之后再开门。

2.交通安全

（1）观看交通安全教育视频。

（2）学生说一说造成悲剧的原因及带给我们的启示。

（3）说说哪些行为才是遵守交通规则的正确行为。

3. 食品安全

（1）说说生活中有哪些不注意食品安全问题的行为。

（2）食品安全知识竞赛。

（3）齐读《食品卫生安全》歌谣。

食品安全真重要，病从口入危害大。
良好习惯要养成，食品挑选切注意。
“三无”食品莫食用，有害物质在其中。
小摊小贩莫相信，卫生更是谈不上。
过期食品切注意，吃了危害大又大。
变质食品切分清，中毒概率高又高。
油炸腌制要少吃，健康危害正面临。
饮料、冷饮要节制，损害牙齿的健康。

4. 教师小结

生活中有很多潜在的危险，有些是没办法预防的，有些是可以通过提高警惕避免的。同学们要学习更多的安全知识，学会保护自己，学会提醒他人。小心驶得万年船，安全第一记心间。

第十课　遵守公共秩序

【教学目标】

（1）向学生介绍一些常去的公共场所应遵守的公共秩序，认识到班级也是公共空间。

（2）培养学生遵守公共秩序的意识。

（3）学生能够自觉遵守公共秩序，看到不遵守公共秩序的行为能够及时劝阻。

【教学准备】

《朱德元帅自觉遵守公共秩序》的视频。

【教学过程】

1. 什么是公共秩序

（1）想一想：同学们，你们的爸爸妈妈平时一定经常带你到公园游玩，到商场购物，到电影院看电影。公园、商场、电影院等地方是我们大家都可以去的地方，这些大家都可以去的地方叫什么呢？

（公共场所）

（2）说一说：

① 假如你在儿童游乐园排队玩电动马，发现有人在前面插队，你有什么感受？

② 假如你在看电影时，坐在前面的人不时地站起来挡住你的视线，你又会怎么想？

（3）小结：在公共场所，如果每个人都想干什么就干什么，不顾别人的感受，就会使别人不开心，甚至造成矛盾，影响大家。因此，在公共场所要有纪律约束人们的行为。这种纪律要求就叫“公共秩序”。

2. 遵守公共秩序的重要性

（1）小组讨论：在公共场所大家自觉遵守与不遵守公共秩序有什么不同的结果呢？

（在车站、码头上车或上船；在图书馆、阅览室看书；等等）

（2）小结：公共秩序是人们在公共场所正常活动所需要的。它是人们活动正常进行的重要保证，它反映了人们的共同要求和愿望，代表了绝大多数人的共同利益，也是社会文明的标志。

遵守纪律，从我做起

3. 自觉遵守公共秩序

（1）观看《朱德元帅自觉遵守公共秩序》的视频。

（2）思考：战士们为什么要让朱德元帅先理发？你认为战士们的这种想法对不对？朱德元帅会不会同意？为什么？

（3）全班交流：战士们考虑到朱德元帅日理万机，让他先理发。可是朱德元帅觉得人人平等，谁都不能例外。从自己做起，才是一个人有道德的表现。

遵守纪律，从我做起

4. 班级中的公共秩序

（1）班级也是公共场所。

（2）班级中的公共秩序。

①排队拿书。

②集合放学。

③室外阅览。

5. 小结

公共秩序对我们每个人、对我们国家都是非常重要的。它是一个人有道德的表现。只有大家都自觉遵守公共秩序，才能有一个秩序井然、安定文明的社会环境，才能使我们的生活正常进行。希望我们每个同学都做遵纪守法的合格公民。

生涯起航

——以生涯适应性为基础的小学高段生涯发展课程设计

深圳市宝安区灵芝小学　贾　取

一、课程设计背景

生涯是生活中各种事件的演进方向和历程，它统合了人的一生中的各种职业和生活角色，由此表现出个人独特的自我发展形态。不同于以往的认识，生涯教育并不仅仅针对即将步入社会的大学生或高中生，生涯教育是贯穿人一生发展的重要内容。小学六年级的学生正处于生涯发展的生长期，在这一阶段，学生们开始学习熟悉和适应生存环境，获得生存所必需的经验和技能，培养健康的身体和良好的心理素质。儿童期是职业发展的开端，儿童必须接受要开始职业适应的现实，去想象自己的将来，作出教育和职业决定，探索自我和职业世界，解决问题。

我国教育部出台的《中小学心理健康教育指导纲要》（2012年修订）提出，在小学低年级，心理健康教育的主要内容包括帮助学生适应新环境、新集体和新的学习生活，树立纪律意识、时间意识和规则意识；中年级的主要内容包括帮助学生建立正确的角色意识，培养学生对不同社会角色的适应；高年级的主要内容包括逐步认识自己与社会、国家和世界的关系，培养学生分析问题、解决问题的能力。这些内容都从不同层面反映出小学阶段生涯教育的主要内容。所有这些都向我们证明了这样一个事实：在小学阶段开展生涯教育是十分必要的，生涯教育的内容不仅包括教给学生们有关求职方面的内容，更包括使其学会如何适应瞬息万变的现代社会的技能，培养良好的心理素质。

此外，从个体发展的角度来看，个体的生涯发展任务经历了从生长期、探索期、建立期、维持期到衰退期的过程，其中六年级的儿童处于生长期，有其独特的发展特点。从心理发展水平来说，六年级的儿童处于青春期早期，这一阶段的儿童不仅自我意识飞速发展，而且认知水平也逐步从具体运算阶段过渡到形式运算阶段，逻辑思维发展迅速，他们开始更有逻辑性地关注自我的发展，也包括关注自我的未来。因此，他们有能力进行对未来的思考。同时，这一阶段儿童有着对未来世界强烈的好奇心，他们自身有了解未来及世界的需求与愿望。从教育的角度来看，在中小学阶段进行生涯教育对其认识职业对个体发展的作用、树立正确的职业价值观、了解学习与未来发展的关系有着十分重要的意义。

生涯教育是一个连续的过程，每个阶段的教育都会影响个体今后的发展，为了实现全程生涯教育的目标，生涯教育的起始点应着眼于生长期，而非之后的探索期乃至建立期。从干预的可行性来看，由于六年级儿童处于发展初期，受外界已有规则的束缚较少，可塑性强，这也为我们的干预奠定了良好的基础。从现实角度来说，六年级的学生相较于初高中的学生课业压力较小，更有可能专门用将近一个学期的时间进行一套生涯教育的课程，干预实施起来也更为容易；同时又比五年级的学生更明显地面临着学业和未来的选择，更易产生明显的干预效果。此外，合作学校所给予的稳定、灵活的授课空间也是选择干预对象时必须考虑的一个方面。

二、课程性质

生涯发展课程是由心理健康教育老师联合科任教师及家长，在遵循国家教育部颁发的《中小学生心理健康发展纲要》及学生身心发展规律的基础上共同开发的校本课程。

该课程建构的理论依据为，由于小学生并不直接面临着找工作等现实的问题，我们的课程目标也更多地在一些发展性的命题上，因此相对于职业来说，本学期的课程关注一个更大的概念——生涯。生涯发展理论的代表学者舒伯（1980）认为，生涯是一个人在其生命历程中所扮演的综合的连续的角色。这些角色主要包括子女、学生、休闲者、公民、工作者、配偶或伴侣、持家者、父母和退休人员等大多数人都会在某些时间段会扮演的九个角色，也包括了那些并不常见的角色，如罪犯等。这些角色围绕职业展开，但并不局限于职业。同时，舒伯还提出了生涯成熟度的概念，认为不同发展阶段的个体有着不同的生涯发展任务，重要的不是选择哪个职业，而是与其年龄相应的生涯发展的准备程度。这一概念随后由马可·L.萨维科斯等演变为生涯适应性，更适合当今瞬息万变的社会。

马可·L.萨维科斯（2005）在对生涯建构理论的论述中，将生涯适应性划分为以下四个维度：关注（concern）、控制（control）、好奇（curiosity）、自信（confidence），本学期的课程也主要围绕这四个维度展开。下表为生涯适应性的理论建构模式，可以帮助我们更好地理解这个概念在教学过程中的运用。

生涯适应性的理论建构模式

向度	生涯问题	态度与信念	能力	生涯问题	因应行为	生涯干预
关注	我有未来吗？	计划的	计划	不关心	觉察、投入、准备	生涯导向联系
控制	谁拥有我的未来？	确定的	作决定	不确定	自信、有条理、执着	决策训练
好奇	未来我想要做什么？	好奇的	探索	不真实	尝试、冒险、询问	从事信息收集
自信	我能做到吗？	有效的	问题结局	抑制的	坚持、努力、勤奋	建立自尊

三、课程目标

灵芝小学是一所位于宝安城区的公立小学。该校每间教室均配备联网的电脑，可以连接电脑的显示屏。因此，我们可以充分利用这些多媒体设备，帮助学生更多地了解生涯和自我。与此同时，由于该校的六年级学生大多是外来务工人员的子女，随父母暂住宝安，受家庭条件的影响，这些学生对生涯及职业的认识相对比较弱。因此，在设计具体课程的时候，整体课程的难度中等偏下，并且特别强调帮助学生开阔眼界，增进对生涯世界的认识。

从具体年龄段来看，对于六年级学生来说，生涯观念的树立和基本生涯发展技能的培养是生涯发展课程的重中之重。为此，我们设计了大量探索性的课程活动，强调职业的平等与个人特质的匹配。同时考虑到六年级学生正处于青春期早期，有强烈的自我探索欲望，而对自我的认识又是个体生涯发展的前提，因此在本套课程中，我们全程贯穿学生对自我的探索活动。最后，由于六年级学生的抽象思维能力尚不完善，因此在课程设计时，我们强调通过具体的活动增进他们的认识，并通过家庭作业、小组作业、小组讲演等形式，让学生在实践中锻炼未来生涯所需的各种技能。

根据以上学情分析，本套课程的目标如下表所示。

小学六年级生涯发展课程目标

基本目标	分解目标
学生的生涯适应性得到提高	A. 学生通过探索自己的生涯世界产生对未来的关注 B. 学生通过探索职业世界树立并保持对职业世界的好奇 C. 学生通过掌握一些基本生涯发展技能，树立对未来的自信 D. 学生通过掌握一些基本生涯发展技能，树立自己可以“控制”包括生涯发展与日常生活在内的一些事情的意识
通过父母参与促进学生生涯适应性的提高	A. 学生通过父母参与掌握更真实和丰富的生涯信息，使其更加关注自己的生涯发展，对工作世界更加好奇 B. 学生通过与父母的沟通获得更多的社会支持，对自己未来的生涯更有自信

四、课程内容

（一）课程方案

生涯以职业为基础，包含了个体在一生中所面临的各种角色及为这些角色所做的准备。本套课程以生涯适应性为关键词展开。生涯适应性，即个体对可预测的生涯任务、所参与的生涯角色，与生涯改变或生涯情境中不可预测之生涯问题相对应的准备程度。生涯适应性这一概念适用于年龄广泛的个体，能够较好地帮助六年级学生对未来的生涯做准备。由于生涯适应性是一个结构明确的概念，包括关注、好奇、自信、控制四个维度，本套课程围绕这四个维度展开。

关注，通过生涯角色的认识、对未来的设想、生涯及职业知识的介绍、职业价值观的探索等进行。好奇，通过具体职业的介绍、学生们对具体职业的探索及信息收集方法的介绍进行，对职业世界了解得越多、眼界越开阔，越能激发儿童对其的好奇心。自信，主要通过引导学生获得成功体验完成。控制，对于六年级的儿童来说，改变环境应该从改变自身的生活做起，因此在控制维度上主要通过控制自己的日常生活，如时间安排及进行简单的决策实现，在具体活动中获得控制感。

同时，由于自我认识是生涯发展的基础，本套课程全程贯穿有关自我认识的内容。最后，由于父母在儿童的发展中也扮演着重要的角色，因此，我们也通过课堂的交流、家庭学习的方式等让父母参与进来。具体内容见下列教学设计。

（二）教学设计

◆·第一课　我是谁·◆

【学情分析】

正确认识自己是心理健康的重要条件，由于对自己的认识不足而引发的系列问题频频发生。许多学生因为不能正确地认识自己，或评价过高，或评价过低，而影响其情绪、人际关系及学业成绩等。因此需要通过心理教育活动来帮助学生懂得如何正确地认识自己，即要让学生掌握认识自己的方法和途径，形成对自己客观正确的印象。

小学五年级儿童正处于青春期早期阶段，他们开始在意自我形象，看重周围人对自己的评价。此阶段的个体一方面需要依靠他人的评价来认识和肯定自己，但同时又由于独立意识的迅速发展；另一方面又希望摆脱大人的约束，希望自己掌控一切。在这个时期，需要进行相关的心理教育活动来帮助他们顺利度过这个矛盾期，健康发展。

【教学目标】

（1）学生意识到认识和了解自己的重要性。

（2）学生掌握认识自己的途径和方法。

（3）学生通过他人的评价和反馈来加深对自己的认识，更为全面地认识自己。

【教学重点】

使学生知道认识自我的价值与意义。

【教学难点】

启发学生对自我进行更进一步的认识和思考。

处理方法：通过“击鼓传花”及“小调查”活动，帮助学生掌握多种自我认识的方法。

【教学准备】

多媒体设备，“击鼓传花”的游戏道具。

【教学过程】

1. 热身活动（4分钟）

老师这儿有一个礼品盒，里面是老师最喜欢的我们班同学的照片。谁有兴趣想来看看？（教师手上拿着的礼品盒，包装精美，里面是一面镜子）

请看过的同学谈谈自己的感受。

2. 为什么要认识自己（6分钟）

《小马过河》（故事背景音乐）

结合故事，引导学生讨论了解自己的重要性，讨论问题如下：

（1）小马开始为什么不敢过河?

（2）后来小马为什么又敢过河了呢?

（3）如果小马不了解自己的身高和能力，结果会怎样?

（4）这个故事说明了什么道理？我们生活中有什么例子能够说明了解自己的重要性?

3. 我是谁（25分钟）

（1）乔哈里窗口。

乔哈里窗口（The Johari Window）：美国心理学家乔瑟夫（Joseph）和哈里（Harry）1995年提出了关于自我认知的窗口理论，称为乔哈里窗口。

他们把自我分为四个区域。A是指自己知道别人也知道的内容，如自己的性别、身份等；B是指别人知道而自己不知道的内容，如自己没有意识到的如生理上的表现、习惯动作、口头语言等；C是指不愿告诉别人的隐私，如曾经做过的不被人认可的事情；D表示的是自己和别人都不知道的领域，即潜意识的部分，而这一部分却构成了我们生活中大量行为的动机。

一个人的自我公开区域A越大，未知区域D越小，对自己的认识就越客观，他的生活就会变得越真实，越能够扬长避短，发挥自己的潜能，人际交往就会更顺畅。我们通过接受他人适当的反馈和自我开放，别人把观察到的和了解到的告诉我们，就能给自己提供更多自我了解的机会，达到公开区域A扩大的目的。

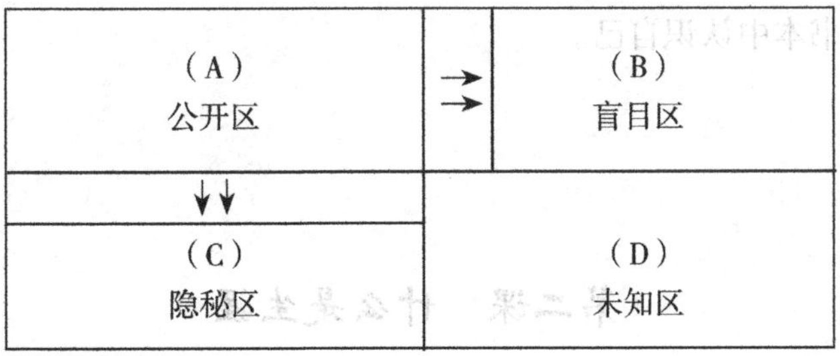

公开区域图

（2）猜猜我是谁。

PPT展示“形容词检核表”，并发给每位学生一张白纸，请他们参照形容词检核表上描述自我的有关词语，在纸上写下10个描述自己的句子“我是……”，如“我是一个爱笑的人”“我是一个脾气暴躁的人”“我是一个喜欢帮助别人的人”……不必署名。

教师将纸张收齐叠好，放在准备好的纸箱子里，请一位同学上台来抽取一张并念出纸上的句子，让大家猜猜这张纸是谁写的。然后，教师请猜中的同学说出他猜的理由，并请被猜中的同学谈谈他的感受。如此循环。

（3）击鼓传花——说说我眼中的你。

用娃娃作为道具，当音乐响起时开始传娃娃。当音乐停止时，娃娃在谁的手中谁就是核心人物，核心人物的任务是选出两个同学对自己的性格特征用3～5个形容词进行描述，然后请核心人物谈一谈是否认同和感受。

结合上一环节中所写的10个“我是谁”，与刚才同学们对自己的印象作比较，通过他人的评价和反馈来认识自己，不断地减少“盲目我”。

4. 头脑风暴（5分钟）

总结认识自我的方法：

请同学头脑风暴，想一想：我们可以通过哪些方式来认识自己？

PPT呈现教师总结的认识自己的几种方法。

（1）照镜子。

（2）反省自己。

（3）参加课外活动。

（4）听取别人的评价。

（5）敢于同他人竞争。

（6）从书本中认识自己。

……

◆·第二课　什么是生涯·◆

【学情分析】

经过几周的学习，学生已经逐步从假期的状态中恢复过来。根据首因效应，应当将较为枯燥的内容放在早期进行教授。学生之前没有接受过有关生涯教育的内容，因此需要从最初的体验和介绍开始。六年级的学生抽象思维已经得到了一定的发展，对于概念已经有了一定的理解能力，因此可以尝试让学生理解"生涯"一词的概念，也可以帮助学生产生自己对"生涯"的理解。

【教学目标】

（1）学生理解"生涯"不只是职业，也包括其他角色。

（2）学生能够说出学习"生涯"有关知识的意义。

（3）学生知道"职业"的基本概念和分类。

（4）学生能说出"工作"的意义。

【教学重点】

学生对"生涯"概念的理解，学生对"工作"意义的理解。

【教学难点】

学生对"生涯"概念的理解，并能知道为什么自己需要学习和"生涯"有关的知识。

【教学准备】

相关PPT材料、《我的生命线》。

【教学过程】

1. 导入：游戏——你表演我猜（3分钟）

请学生到讲台上来表演一个他们平常见到的情景，让其他学生猜是谁在做什么。首先由教师示范（交警或护士）。

2. 我的生命线（15分钟）

出生__________的生命线。

（1）在线上填写你自己的姓名。

（2）请在线的右侧箭头下面填上你为自己预估的寿龄。

（3）在线上的某一点写上自己现在的年龄。

（4）想想过去，按时间顺序写出对你影响很大的事情，让你快乐的事情用红颜色的笔写，让你难过的事情用黑颜色的笔写，没什么特别感觉的事情用蓝颜色的笔写。

（5）想想未来，把你未来想做的事情标注出来，最好写上预期的时间。

（6）教师展示自己的生命线。

（7）同学们分享自己的生命线。（2～3人）

3."生涯"（5分钟）

生涯是一个人在其生命历程中所扮演的综合的连续的角色。

——Super（舒伯）

舒伯是一个专门研究"生涯"的专家，他对生涯的理解是，生涯是一个人在其生命历程中所扮演的综合的连续的角色。就像我们的生命线一样，大家看看自己的生命线，上面的有些事情是"儿童"做的，有的事情是你当"父母"的时候做的，有的事情是你当"工人"的时候做的，所有这些角色综合在一起就是你的生涯。

下面请大家回答以下几个问题：

（1）为什么我要当一个学生在学校学习呢？

（2）为什么我要学有关生涯的知识呢？

在你的生涯中，你已经做了一些事情，还要做更多的事情，为了做好那些你希望做的事情，我们就需要学习有关生涯的知识。比如，当你明白学生是你生命中重要的角色，我们需要在学习的过程中学习那些对我们将来有用的知识，这个时候你才会去寻找那些"有用的知识"，知道自己为什么要学，才能学得更好。又如，等你们长大了，你们知道自己要同时肩负起父母、妻子或丈夫、工作的人、社会公民、休闲者等角色的时候，你们就会知道自己不能把所有的精力都用在工作或者娱乐上。

学习有关生涯的知识，也是为了让大家更好地实现梦想，为了实现大家生命线中写的那些事情，我们需要学会与别人合作，需要自己作出决策并为自己的决定负责，学会管理自己的日常生活，这些都是我们这个学期要学的内容。

4. 职业连连看（5~10分钟）

（1）想一想：不知道大家有没有发现，我们将来有很长一段时间都是要工作的，甚至我们上学的一部分原因也是为了将来能更好地工作，那么，我们为什么要工作呢？（提问3~5名学生）

（2）知道了为什么要工作，那同学们知道这个世界上都有哪些工作？怎么分类？（提问3~5名学生）

根据《中华人民共和国职业分类大典》，我国总共有8大类、66中类、413小类，总共1838个职业！这八个大类分别是：

第一大类，国家机关、党群组织、企事业单位负责人；

第二大类，专业技术人员（老师、图书管理员、演员）；

第三大类，办事人员和有关人员（秘书）；

第四大类，商业、服务业人员（个体老板）；

第五大类，农、林、牧、渔、水利业生产人员（农民）；

第六大类，生产、运输设备操作人员及有关人员（司机、建筑工人）；

第七大类，军人；

第八大类，不便分类的其他从业人员。

其中有87个职业需要获取相应的资格证书才能工作，包括车工、焊工、食品检验工、西式面点师、美发师、律师、会计师等，因为这些工作专业性强，需要工作的人有很多的技术。

下面请同学们把以下的职业归类，看它们都属于哪种类型的职业。

校长、老师、市长、图书管理员、演员、秘书、个体老板、农民、司机、建筑工人、解放军、警察……

5. 职业介绍之一：教师（5分钟）

活动规则：教师先简单叙述自己的工作内容和心得体会，然后让学生作为小记者，以教师为采访对象。

第三课　我的生涯角色

【学情分析】

经过上节课的学习，学生已经对“生涯”和“职业”的概念有了初步的认识，但是并没有具体对个体生涯中所遇到的角色进行探讨，学生可能并不明白自己具体扮演的角色。此外，由于生涯中的各个角色是相互关联、相互影响的，特别是“学生”—“工人”，“子女”—“父母”之间的关系是十分密切的，学生对自身角色的理解也会影响其今后的发展。六年级的学生面临着升学的压力，如何有效提高学生的学习成绩，不仅从具体学科的学习入手，还可以从学生对自己学习的责任感入手，而这也是其对“学生”角色理解的重点之一。因此，探讨学生自己的生涯角色是十分重要的。

【教学目标】

（1）学生知道自己扮演的角色有哪些。

（2）学生知道每个角色所应承担的责任是什么。

（3）学生能说出学习与将来工作的关系。

【教学重点】

学生知道应为自己所扮演的角色负责；学生能够理解学习与工作的关系。

【教学难点】

学生能够理解学科学习与工作的关系。

【教学准备】

奥巴马演讲的视频。

【教学过程】

1. 引入：小故事（3分钟）

在正式上课之前，老师想先和大家分享一段我自己的经历。不知道你们现在还会被学校组织去大街上扫马路、擦垃圾筒吗？我上小学的时候就经常有这种经历，在不学习的时候，学校会拉着我们去马路上打扫卫生，前几次的时候我们都觉得只要不上课，就当出去玩了，都特别开心，可是次数多了，就会不耐烦。扫马路还好，擦垃圾筒就没那么舒服了，尤其是我，在家里爸妈几乎什么都不让我干，那么脏的活我是千百个不情愿，但是老师让我做，我也就做了。我们不仅会去义务劳动，还会去摘棉花。每个学期都有任务，要交多少报纸、多少废瓶子，然后班里一起卖废品挣班费。这些经历虽然和学习没什么关系，但是我现在走在大街上从来不会乱扔垃圾，因为我知道打扫起来很辛苦。而保持马路的干净整洁则是我作为一个公民的责任。公民虽小，责任重大。

2. 我的角色（10分钟）

问：大家还记得什么是生涯吗？

问：生涯是一个人在其生命历程中所扮演的综合的连续的角色。大家觉得自己都有着什么样的角色呢？

舒伯是研究生涯的专家，他认为人一生的生涯角色可分为九种：子女、学生、休闲者、公民、工作者、配偶或伴侣、持家者、父母、退休人员。因为每个人都需要休息和娱乐，所以当你休息和娱乐的时候，你就是休闲者。当你工作的时候，你就是工作者。如果你没有工作，而是全心全意操持一个家，那你就是持家者。

下面请大家用不同颜色的笔或者不同的图案，来代表不同的角色，在自己的生涯角色卡上画出自己的生涯角色。

教师展示自己的生涯角色卡。

二分之一为工作者、八分之二为休闲者、八分之一为公民、八分之一为学生。

分享：请大家展示自己的生涯角色卡，并讨论：除了学生，其他的角色都有哪些责任？

3. 我们为什么要学习（10分钟）

大家都知道，现在自己最主要的角色是学生，每天要花大量的时间在学校里，回家了还得学习，这都是一个学生应该做的。可是大家有想过为什么要学习吗？（提问1～2名同学）

下面我们来听听美国前总统奥巴马是怎么说的。

播放奥巴马演讲的视频。

问：大家现在觉得，为什么要学习呢？（提问2～3名同学）

4. 我的"工作轮"（10分钟）

听完奥巴马的演讲，大家是不是对为什么要学习和学生的责任有了更深的了解呢？我们在学校就像大人在工作单位一样，都有着自己的责任。同时，我们还是子女、公民和休闲者。下面请大家把自己需要承担的责任画在我的责任轮里。问：

（1）你们想到自己原来有这么多责任吗？

（2）你们觉得自己最重要的责任是什么呢？

大家有没有觉得其实自己肩上也是有不少责任的。我们时时刻刻都要对自己负责，现在就做好现在该做的事情，将来再做好将来该做的事情，这样才不会后悔和遗憾。

5. 责任轮：职业介绍之二（5分钟）

根据第一节课小调查的结果，选择职业进行介绍。

第四课　合作

【学情分析】

经过前几节课的学习，学生们已经对生涯有了一个基本的认识，但是还不知道他们在让自己的生活变得更好上能够做些什么。因此，从这节课开始，陆续教给学生一些基本的生涯发展技能。由于在以后的课堂中会让学生以小组合作的方式完成作业，而学生之前并没有接受过类似的训练，因此在作业布置之前需要学生学习有关合作的知识。合作作为一项基本的生涯发展技能，也是今后学生任何一种生涯角色都需要掌握的技巧，因此将合作放在最开始进行训练。

【教学目标】

（1）让学生意识到合作是很重要的。

（2）学生能够说出个体对团体合作的重要性。

（3）学生能够说出合作带给自己的快乐和困扰。

【教学重点】

学生合作意识的启蒙；同时使学生能够理解只有每个人都有合作意识，且积极完成自己的本职工作，合作才能有效进行。

【教学难点】

使学生在活动中体会到合作的重要性并学着和同伴进行合作。

【教学准备】

硬卡纸、彩笔、剪刀、胶水、铅笔或钢笔、相关视频。

【教学过程】

1. 引入：小游戏——大家一起来找碴（5分钟）

将全班同学分为六个小组，给出三组图片，每组两个，找出每组两个图片中有哪些不同的地方，找得又快又多的小组为优胜组。

第一组：三处不同。

第二组：四处不同。

第三组：五处不同。

2. 讨论：合作的重要性——流水线（5分钟）

问：在玩“大家一起来找碴”的游戏的时候，是一个人找得快，还是几个人一起找得快呢？为什么？

（通过游戏引出合作）

问：除了玩游戏的时候，还有什么时候需要很多人一起做一件事情呢？

大家见过工厂里的流水线吗？工厂里的流水线是机器和人合作工作的一个例子，每个人都负责生产的一个部分，大家一起合作，以最高的效率完成一个产品的生产。一旦一个人在自己负责的环节出了差错，那就没有办法生产出一个合格的产品。

观看“流水线上的工人”的视频。

我们可以发现，不管是在日常生活中还是将来的工作中，合作都是非常重要的。

3. 活动：“我们的卡片”（20+5分钟）

按照之前游戏时的分组，每个组的组员按照以下分工进行活动。

坐第一排的同学：将纸片对折成两个部分并裁开，将其中的一个半再对折。

坐第二排的同学：画四朵花，要求有花瓣、茎和叶子。

坐第三排的同学：将花瓣涂成黄色，茎和叶子涂成绿色。

坐第四排的同学：将四朵花分别剪下来并粘在卡片的封面上。

坐第五排的同学：在卡片的里面写上你对朋友们的祝福，并签上“你的朋友”，在卡片的底部写上“我们的卡片”。

坐第六排的同学：检查本小组的卡片，如果发现不符合要求的地方，拿回去让负责这一部分的同学修改或重做，并报告展示自己小组的卡片。

分享：比较一下大家一起制作卡片和自己做卡片，有哪些不一样的地方？如果在合作的过程中有一个人出错了，会造成怎样的影响？合作带给你哪些快乐和困扰？

4. 职业介绍之三（5分钟）

根据第一节课小调查的结果，选择职业进行介绍。

◆·第五课　找一找·◆

【学情分析】

六年级的学生正从具体运算阶段逐步过渡到形式运算阶段，思维活动虽然还需借助具体形象，但抽象思维占的比重越来越大，对信息的抽象概括能力有了一定的发展。平时在校期间，由于计算机技术的普及，学生已经有了一定从计算机网络或者其他媒体搜寻资料的能力，在其他科目的学习中已经得到了一些锻炼。除了计算机网络以外，学生还会接触到其他大量的材料，包括报纸杂志、宣传页乃至各科的作业材料，但是如果不对这些材料加以充分利用，其中所蕴含的大量生涯信息就会被遗漏。生涯信息无处不在，但是对其的知觉需加以训练。除此之外，学生已经学习过有关职业分类的知识，在职业分类信息的查找中，可以复习、巩固该部分知识。

【教学目标】

（1）使学生学会从常见的材料（杂志）中寻找生涯信息。

（2）使学生初步学会对生涯信息进行整理和归类。

【教学重点】

学生能够学会从手边的资料中搜寻有关职业生涯的信息，同时对其进行分类和整理。

【教学难点】

学生对搜寻到的职业生涯信息进行分类和整理。

【教学准备】

杂志（每个学生一本，要求学生自带）、A4纸（不少于60张）、胶水、剪刀。

【教学过程】

1. 引入：歌曲《卖报歌》（3分钟）

播放《卖报歌》视频，并提问：同学们平常看报纸吗？最常从哪些地方获得你想知道的东西？你最喜欢其中的哪种方式？

2. 信息哪里找（5～10分钟）

提问：如果有一天，你想知道有关飞行员的知识，如飞行员平常都做什么、怎么样才能当飞行员、当飞行员好不好等，你会去哪里找相关的知识呢？

（1）问爸爸妈妈或者其他大人，也许他们知道一些。

（2）看电视上有关飞行员的新闻和纪录片。

（3）从报纸杂志上找有关飞行员的资料。

（4）从网上搜索相关资料。

（5）去参观飞行员的训练……

你还能想到哪些？

介绍每种方法的优缺点：

第一种方法：优点是爸爸妈妈或其他大人会耐心地讲，并且可以针对你的提问进行回答；缺点是他们不一定知道你想要的信息，而且他们告诉你的内容不一定正确。

第二种方法：优点是很生动、直观、准确；缺点是电视上不一定随时都有飞行员的介绍，而且介绍的内容不一定是你想知道的，一旦播放过去就找不到了。

第三种方法：优点是我们经常看一些报纸杂志，虽然可能不是最新的消息，但是一旦获得想知道的内容，就可以随时保存下来；缺点是报纸杂志上也不一定有相关的信息，而且不一定是你想知道的。

第四种方法：优点是你可以搜索你想要的信息，保存也很方便，搜索起来很方便，几乎什么都能查到；缺点是得上网。

第五种方法：优点是非常生动、直观，让人印象深刻；缺点是很难实现。

你还有什么补充的吗？

小练习："百度一下"（视条件而定，由教师演示，同学观看）。

由教师演示利用百度搜索有关飞行员的知识。

补充介绍：《职业分类大典》。在之前的学习中，我们已经介绍过职业的分类，如果你想知道具体每一类职业中都有哪些，可以从《职业分类大典》中查找。

3. 活动：职业简报（20+5分钟）

活动准备：上一节课要求同学们带一本常看但是已经不用的杂志或报纸。

活动流程：首先复习在第二节课学到的有关职业分类的知识。然后要求每个学生从以下主题中选择一个，然后搜索在这个主题下的职业信息，将有关信息剪下来贴在发的A4纸上。

主题：国家机关、企事业单位负责人（中小学校长、国家领导人、法院院长、企业经理、医院院长等）。

专业技术人员（图书管理员、科学家、工程师、园艺师、医生、护士、教师、会计、业务员、法官、律师、检察官、导演、演员、歌手、雕刻家、服装设计师、编辑、作家、主持人、翻译、考古学家等）

办事人员和有关人员（秘书、打字员、警察、保安、消防员等）。

商业、服务业人员（推销员、模特、厨师、面点师、清洁工、导游、空姐、美容美发师、维修工、保洁员等）。

农、林、牧、渔、水利业生产人员（农民、园艺师、木工、兽医、渔业生产人员等）。

生产、运输设备操作人员及有关人员（矿工、汽车维修工、舞台音效操作人员、司机等）。

军人（解放军）。

注：分类来自《中华人民共和国职业分类大典》。

分享：分享自己的简报及制作简报过程中的想法和体会。

4. 职业介绍之四（5分钟）

根据第一节课小调查的结果，选择职业进行介绍。

第六课 决策网

【学情分析】

六年级的学生正处于青春期早期，自我意识发展的第二个高峰期，在这一阶段，他们越发重视自己在一些事情上的主导权，而这种控制感也是其获得自我同一性的重要途径。除了心理发展的需求外，作为一个独立个体，总要面对大大小小不同的选择，而每个选择又会产生不同的后果，如果学生不明白选择的重要性，则在将来面对各种生涯决策时就会出现准备不足的情况。同时，六年级的学生即将面临选择初中、选择应对重要考试复习方法等影响其今后发展的重要选择，此时，学习与决策有关的知识就有其必要性与重要性。

【教学目标】

（1）学生学会分析做出不同选择可能导致的不同结果，并能画出日常典型生活事件的决策网。

（2）学生理解自己可以做出选择。

（3）学生意识到要为自己的选择负责。

【教学重点】

学生能够分析出自己日常生活中常见事情的决策网，并且意识到自己可以做出选择并为自己的选择负责。

【教学难点】

学生意识到当自己做出选择的时候就要为自己的选择负责。

【教学准备】

视频：《你能选择》。

【教学过程】

1. 引入：视频观看及讨论（5~10分钟）

播放视频：《你能选择》。

问：从视频中你们看到了什么？（引出“选择”）

其实不光是保护环境，我们每天都要做许许多多的选择，包括在食堂吃饭的时候遇到不喜欢吃的菜是吃掉还是倒了，遇到不会的题是自己查资料还是问老师或者同学，今天回家是先写作业还是先玩会儿游戏，等等。

问：除了这些，大家每天还会遇到哪些选择呢？（板书）

分享一下自己做选择的故事。（2 ~ 3名同学）

2. 活动：决策网（20 ~ 25分钟）

活动之一：根据黑板上列出的选择，由教师选择一个进行讨论，并在黑板上画出该项选择的决策网。（10 ~ 15分钟）

将不同的选项用圆圈圈起来，然后用横线连接，中间写上“或者”；探索每种选择的结果，将它们用方框框起来，并用箭头把选项和对应的结果连接起来。

活动之二：要求每位同学在自己的学案上选择一项自己认为比较重要的选择画出决策网。（10分钟）

3. 职业介绍之五

由同学介绍，并接受其他同学的提问和老师的点评。

行走在花香四溢的教室

——班本化习作课程

深圳市宝安区灵芝小学 叶小美

儿童的天性是热爱自由，他们喜欢自由畅谈的话题，喜欢不拘一格的表现形式。如果说教材习作给儿童的习作话题及形式更多的规定性，那么非教材习作则给儿童留下了广阔的创作与表达空间。好的习作话题往往能调动儿童的乐趣，那么好的话题从哪里来？源于儿童的真实生活，源于儿童的真切感受，源于儿童喜闻乐见的表现形式。本文重点分享的就是除了规定的教材习作话题以外，其他能够激发学生习作兴趣的话题及创作形式。例如，在“创意花拼盘大赛”的教学案例中，笔者做了以下几个方面的努力。

一、一石激起千层浪——抓住体验，积累素材

处于习作起步阶段的孩子，天生有一种好奇心。教师在教学过程中要把握好学生喜欢探索的心理特点，引导他们留意生活、观察生活、记录生活，帮助他们收集丰富的素材，用心为孩子们打造属于他们自己的素材库。

教育场景一：

春色正浓，春意正闹，树儿发了新芽，花儿争相盛放，无声无息中，校园被一片烂漫生机装点一新。正当我沉醉于美好春光时，小家伙陈程跑来：“叶老师，这是昨天美术课上学做的衍纸花！送给你。”我边看这朵小花儿边与她闲聊，突然，一个念头从脑海里蹦出：春日芳菲，花香流溢，何不在班上举办个“创意花拼盘大赛”？一来，现在正是春花烂漫的好时节；二来，有些孩子早已按捺不住想一展衍纸的技艺；三来，借机丰富孩子们的学习生活，为习作教学积累素材。

第二天恰逢周五，下午放学时，我在班上宣布：下周我们将开展“创意

花拼盘大赛”活动。顿时，教室里就像炸开了锅似的，个个摩拳擦掌、手舞足蹈，恨不得比赛即刻开始。我提高音量，吓唬他们：“再不安静，这个活动马上取消。”一听此言，这帮家伙立即正襟危坐，双目炯炯地盯着我。我一本正经道：“为了你们的拼盘有新意、有质量，请你们星期天在家里试做一次，并给作品起名，为了保留你们作品的神秘性，可以把自己的半成作品拍照上传到班级QQ群。参与的同学和支持的家长多，咱们下周习作课就开展活动。”

“啊，要习作呀！”一个弱弱的声音在静静的教室里响起，此刻显得特别突兀。还没等我解释，吴越一声清脆有力的话语回复他：“老师，我不怕写作文！你千万不要取消活动！”说完，坚定的眼神看向我。

我故意停顿了好一会儿，见我没反应，其他孩子忙表决心：“老师，老师，活动一定要照常进行，我们不怕作文！”

“你们可要想好了，做完花儿拼盘可是要写作文的哦。你们现在后悔还来得及。”我一脸坏笑地说。

“不怕不怕！老师，活动就定在下周一吧！”孩子们竟出乎意料地一致这样要求。

“既然你们都如此强烈要求，那活动就如期进行吧。”我掩饰着心中的得意，故意淡淡地回应他们。话刚说完，孩子们突然欢呼而起，“耶——”教室里再一次沸腾起来……

二、春色满园关不住——体验过程，精心呵护

著名儿童教育家蒙台梭利曾说：“游戏是儿童的工作。”一个活动体验式的写作就如以一场游戏的方式进行的一次创作。我们知道好玩是儿童的天性，创意花拼盘以比赛的体验学习方式指导学生学习是符合儿童心理发展特点的，必然会受到儿童的喜欢。

教育场景二：

周末，我们的班级群热闹非凡，不时地收到孩子们上传的作品。钱璟妈妈热情地帮忙把每幅作品收集起来，做成了一个相册，有位家长还为相册写了一段简介：“在这个美好的春日，我们大开脑洞，巧手创造，去发现生活之美！伴着春色，赏着美景，品着花香，走向美的历程。”其他家长也纷纷点赞评论：“孩子们太棒了，期待大赛到来！”“才华横溢的小书虫们，奔跑

吧！”“孩子简直就是天生的创造者！”……我也积极地一一回应着，因为，孩子们的创作热情需要我和家长们精心呵护。

周一如期而至。早读下课时，往日爱动的小家伙们一改平日疯玩的习惯，此刻却聚在一起，嘴里不时蹦出一两句古诗词，我好奇地迎上去，墨墨一如往常地黏过来问：“叶老师，你看我的作品像一首什么诗呢？”原来这帮家伙是在为自己的作品增添诗意啊。我暗自得意地说：“你就是诗人尹子墨啊。”他认真倾听着，眼睛忽地一亮。面对其他孩子，我故作深沉地接着说：“难不难？”陈宇杰眼见有戏，忙堆起笑容：“老师，获奖名额多一些好不好？”

“好哇！那你们继续背诗去吧。”我嘿嘿一笑。

这时，旁边走过来几个女生朝那些叽叽喳喳背诗的男生说：“背什么背！你们怎么不先选好诗再制作作品呢？”

“就是以防我们的诗会重复啦，你们不知道啊？”被奚落的小子们不服气地回击。

“算了，不跟你们说了，你们爱背就背，我们继续思考拼盘的造型了。”

“快上课了，急死了！”彭浩宇脱口而出。

“是啊，是啊，急死人啦！上课铃快响吧！”女生们蹦跳着进教室去了，只留下这几个家伙在风中凌乱……

看着这样的画面，我偷偷地笑了。

三、乱花渐欲迷人眼——分享体验，展示成品

《语文课程标准》指出：“习作要让学生能不拘形式地写下见闻、感受和想象，注意表现自己觉得新奇有趣的或印象最深、最受感动的内容。要求学生说真话、实话、心里话，不说假话、空话、套话，并且抵制抄袭行为。”只有学生对生活有体验、有发现、有感悟，学生才会有话可说，才会有文章可写。

教育场景三：

往日孩子们最不爱听的上课铃声此时适时地响起。今天，这声音如同天籁之音，成了他们最最喜欢的妙曲。铃声响毕，孩子们正襟危坐，五十二双眼睛齐刷刷地投在我身上。我知道，他们是在等我下达“可以开始”的命令。我清清喉咙，把注意安全、讲究卫生、创新的要求又重申了一遍，然后大声宣

布："我们的创意花拼盘大赛现在开始！"话音未落，孩子们早已迫不及待地动起手来。

相对于开心忙碌的孩子们，我在教室的走动真可谓是"东游西荡"。"游"到叶国强跟前，他手上拿着纸花，随便望了我一眼，开始在盘子里不停地摆弄着造型；"荡"到睿睿的旁边，小姑娘连头也没抬，因为她正在思考什么；走到麦子的旁边，他一脸严肃地看着自己的作品……今天的我毫无存在感，竟然被他们"无情地"忽视了，好"失落"！

此处不需我，自有需我处。我踱到操作台前，见黄建钢正小心翼翼地做衍纸花，大小不一，令人忍俊不禁。我主动问道："要老师帮你做吗？"小家伙瓮声瓮气地回应"不用"。个个目中无我，我要还击！我深吸一口饱含"芬芳花香"的空气，"噔噔噔"跑到讲台上，高声提醒："宝们，贝们，离结束还有5分钟！"

"啊——"他们异口同声后，教室里异常安静，每个人都加快了手上的动作，虽然略显紧张，但个个井然有序。5分钟后，我大声说："时间到！"所有人立即停下了动作。

我请他们说说自己拼盘的名字。不听不知道，一听有一套，什么《无敌变色龙》《世界上最后的两朵花》《小鸡的宝莲花》……都颇有些意思。

其中最让大家称道的是"坦克王"王梓衡的"战争与和平"。问他为什么会这样命名，平时沉默不语的他竟然说出了一番令所有人都感动的话："一些国家的人民生活在战争中，过得很痛苦。我希望我做的拼盘能带去美好的愿望，希望世界人民远离战争，永远和平。"他的发言赢得了一阵热烈的掌声。彭浩宇的可旋转的"五色花"也深受欢迎……一大群粉丝纷纷凑到他们的作品前细细欣赏！

看着孩子们一幅幅赏心悦目的作品，阴雨连绵的天气似乎也变得阳光灿烂了，因为我们徜徉在香气四溢的花园里。此刻，美在手中，眼中，耳中，更在我们的心中。

王梓衡《战争与和平》

叶国强《春暖花开》

麦承睿《荷花和我玩游戏》

龙俊璇《一枝独放》

张温馨《小鸡的宝莲花》

胡雨荞《桃花朵朵开》

四、春花复春花，红红间白白——践行体验，童真习作

体验是发现与获得新知的重要手段。在活动体验的基础上进行习作，是有源之水、有本之木。

教育场景四：

开始习作啦！只见他们写写停停，看看写写，写写想想，惬意至极。现在的我什么也不要说，什么也不要做，再次被忽略是有点“失落”。忽然，一计涌上心头——穿行在如此浓烈烂漫的教室里，不看似乎不妥。当前得做一件重要的事，那就是晃悠到各个作品前拍照留念！

我气定神闲地走到每个孩子旁，“咔嚓”，时间定格。见我这样，写作的同学并未停笔，反而粲然一笑，又快速地写起来。就连往日半天写不出几行字的作文“困难户”今天也如有神助！此情此景令我无比感慨：作文难，作文又不难。当孩子们有了亲身体验后再动笔，不就能一挥而就吗？此刻，教室里的他们正在百花烂漫中习作。我想，他们写的不仅是一篇作文，更是这个春日乃至一辈子的快乐回忆。

附：学生习作

战争与和平

深圳市宝安区灵芝小学三（5）班　王梓衡

期待已久的“创意花拼盘大赛”终于来啦！我做的这个花盘的主题是：战争与和平。

花盘的中央是一群正在用炮弹射击的士兵，大炮吐出红色的火舌，带来了无尽的死亡和恐惧。啊！战争是多么的可怕呀！它毁灭了所有人的美好生命。

在日本帝国主义侵略中国期间，有多少美丽的家园被摧毁、多少无辜百姓死在日本侵略者的铁蹄之下。虽然我现在生活的国家没有战争，但是还有一些国家正在战斗着，那些国家的人们还无法过上幸福安康的好日子……

花盘的四周是一圈五颜六色的“和平之花”，它们象征着和平和安宁，世界上绝大多数人都是热爱和平的。只有人们共同联合起来反对战争，消灭战争，世界才会更加美好。

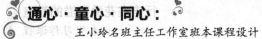

来吧！让我们携手共同创造一个没有战争的世界，让美丽的“和平之花”永远绽放！

樱香四溢

深圳市宝安区灵芝小学三（5）班　陈　希

今天的大赛，我决定以衍纸樱花为主题做一个创意拼盘。

可能大家都会问：为什么要用衍纸而不用真花呢？因为衍纸是手工制作，我觉得可以磨炼一个人的耐心。如果用真花，虽然方便，当花凋谢时，那原来美丽的拼盘就变成了臭气熏天的拼盘，就不能永久保存。你说，那多不好啊！

首先，我拿出了以下材料：5根粉色衍纸、5根黄色衍纸、衍纸器、模板、白乳胶。接着，我开始做花瓣与叶子：第一步，把衍纸做成疏圆卷；第二步，把疏圆卷做成水滴卷；第三步，将后尾捏成两个角；第四步，做四个长泪滴卷；第五步，粘贴。这样，樱花就完成了。

我看着自己做的花盘，感到还缺了点什么。突然，我脑海里灵光一现。对呀，可以写首樱花的古诗啊！那就写元稹的《樱花》吧，诗写上去了，但我还是觉得不满意。我想：可以撒点花瓣吧！心动不如行动，即刻就给花盘撒上了一些小花瓣，并将它取名：樱香四溢。

通过这次制作拼盘，我明白了做任何事都要有耐心，否则你永远也做不好任何事。

无敌变色龙

深圳市宝安区灵芝小学三（5）班　钱　璟

我经常幻想到一千万年后的世界是什么样的，我正在想象的时候，灵光一现：我可以把我想到的东西做到花盘里面去啊！二话不说，准备好工具，开始大显身手啦。

这个花盘有一个故事，嗯！是我编的，请听我娓娓道来。在一千万年后，人类已经灭绝，原因何在？污染。由于人类对地球的伤害太大，绝大部分的动物、植物渐渐死亡，甚至灭绝，地球也开始变异，最终变成了“金星”，而“金星”是一颗死星，最高温可达六百四十摄氏度。悲催的是，我们的地球却变成了它，可怜的生物就要完了。

当地球的气温狂升到一千摄氏度的时候，有一只变色龙竟然发生了变异，背上、腹部长出了坚硬和轻巧的铠甲，头部长出了三只眼睛和向上翻的头甲，锋利的尖刺从背甲里钻出来，其中尾巴上的三支最为明显，重点是它还长出了一对大翅膀！翅膀还从它的腹部长了出来，一只怪物就这样诞生了。

它长得可真奇怪呀！在这濒临灭绝的地球上，它竟然用石头给自己做了一个庄园，那庄园很大，有十个学校那么大（灵芝小学的占地面积达15978平方米），它把地球上最后的两朵花、十棵树、十几只动物全都搬进了庄园，庄园里面还有一条小河，因为这只强大的变异龙，这里变成了地球上最安全的地方，动物们终于有了安身之地。

同学们，故事讲到这儿，拼盘花已完成，待续……

荷花和我玩游戏

深圳市宝安区灵芝小学三（5）班　麦承睿

"接天莲叶无穷碧，映日荷花别样红。"我最喜欢荷花了，因为我和荷花有一段故事，所以我制作了满池的荷花拼盘。

在我一岁十个月的时候，我和爸爸妈妈一起去园博园看荷花。在荷花池边，我和妈妈玩"妈妈藏起来"的游戏。妈妈藏起来，我去找妈妈，每次找到妈妈，我就高兴地咯咯咯笑起来，然后我又叫"妈妈藏起来"，我们玩了很久，因为我觉得很好玩，不断地想玩。后来我们要回家了，妈妈对我说："现在是秋天，荷花藏起来了，要藏到明年夏天才出来，我们下次再来玩游戏。"听完，我开心地笑了，这是我和荷花的第一个故事。当时，爸爸还为我们录了视频，现在每次看到这个视频的时候，我就觉得很幸福。

我和荷花的第二个故事，是发生在我两岁多的时候，我们去罗浮山玩，那里有一个很大的荷花池，我在那里拍了一张照片，可是当时只有"接天莲叶无穷碧"，并没有看到"映日荷花别样红"，因为那时候是八月底了，荷花又藏起来了，它总是和我们玩游戏，你们说，荷花是不是很调皮？

其实，直至今日，我也没有真正见过满池盛开的荷花，它们总是和我玩藏起来的游戏。"映日荷花别样红"的景象只在我脑海和照片中出现过，我真期望和荷花来一个近距离的亲密接触啊！荷花拼盘，就代表着我美好的愿望。

小鸡的宝莲花

深圳市宝安区灵芝小学三（5）班　张温馨

在一个细雨蒙蒙的清晨，教室内，我们进行了紧张的创意花拼盘大赛。原本，我想不到好名字，但在电光火石的一瞬间，我把我的梦变成了一个名字。

那是一个神奇的梦，我是一只小棉鸡，有一个奇妙的历险。在一个美丽的庭院里，草木幽幽，我艰难地爬上了一丛植物，那是一丛饱胀得似乎要把我弹出去的小植物！果然不出所料，我真的被弹到了柔软的地方。天啊！竟然是在白云上，往下一看，还好有一架用云朵做的楼梯。我便沿着楼梯走下去，在向日花瓣的指引下，在房形灯的照耀下，我终于回到了地面。

这是一条五光十色的蘑菇小路，刚好有一只小鸭经过，它边走边吃蘑菇，吃得津津有味。见状，我用树枝做了一个篮子，也边采蘑菇边吃，简直快乐极了！美美地饱餐一顿后，已是深夜了。我采了一些花，铺了一张小巧玲珑的床，在一些落叶和蘑菇的陪伴下，我过了幸福的一夜。

第二天，当小鸟唱起美妙的歌曲时，我起来开始寻找美味的食物。一顿卷心菜早餐后，我走到一朵巨大的花朵旁，它的颜色非常鲜艳，花心像仙女戴在头上的莲花，而那中间的花瓣多么像仙女的衣裳啊！外围的花瓣像是仙鹤的羽毛，心想：难道这就是传说中充满神力的宝莲花！我一定要得到它！

就这样，“小鸡的宝莲花”诞生了！我对自己的作品很满意，作品还得到了老师和同学们的赞赏，心里美滋滋的。从这次活动中，我明白了：大胆去做，认真去想，就会有奇迹。

以上学生习作能较好地把握住习作的特点，将体验过程中的观察发现和所思所想淋漓尽致地表现了出来。其实，相对于其他形式的习作，生活体验式的创作更能训练儿童的语用能力。

综上所述，班本化习作课程的开发让习作教学变得更自由化与个性化，极好地呼应了中年段习作教学提升儿童习作兴趣的热切需求，必然对起步阶段的习作教学提供有用、有效的教学支撑。

参考文献

[1] 吴勇.让写作走进儿童心灵[M].长沙：湖南人民出版社，2011.

[2] 刘晓东.论教育与天性[J].南京师范大学学报（社会科学版），2003（4）.

[3] 蒙台梭利丛书编委会.蒙台梭利经典教育原著[M].北京：中国妇女出版社，2013.

[4] 中华人民共和国教育部制定.义务教育语文课程标准（2011年版）[M].北京：北京师范大学出版社，2011.

[5] 陈贤彬.建序、辅架、体验、激评：第二学段班本习作微课程实践[J].语文教学通讯，2018（65）.

和美文化下的幸福教育

——班级中队文化班本课程

深圳市宝安区凤岗小学　谢　霞

一、课程设计背景

教育，任重而道远。班级是学校的基本单位，班级教学是现代最具代表性的一种教育形态。一个班级是由老师与学生组成的，而班级开展的活动是学校发挥教育功能的主阵地。因此，一个班级是否融洽和谐地发展，关系或者影响着学校教育功能的实施。有人说，一个人可以走得很快，但一群人可以走得很远。一个班级要想走得更稳更远，就需要有一个安定和谐的成长环境，因此，笔者萌生了创建“和美文化下的幸福教育”这一想法。

何为“和美”？《论语·学而》篇中，孔子提出“礼之用，和为贵。先王之道，斯为美”。也即用礼法治国达到一种和谐安定之，这谓之美。虽是古代君王的治国之道，但在处理当下人际关系时又何尝不是一种好方法。在《论语·子路》篇中，孔子提出“君子和而不同，小人同而不和”。也就是说，在人际交往中，有君子之风的人能与他人保持一种和谐友善的关系。1990年12月，在就“人的研究在中国——个人的经历”主题进行演讲时，著名社会学家费孝通先生总结提出了“各美其美，美人之美，美美与共，天下大同”这一处理不同文化关系的十六字“箴言”。在宏观环境下，不同文化皆有其美；在微观环境下，切换到人际交往中，也即是说人要善于发现自身之美，然后学会欣赏他人之美，进而互相学习美、感受美、领悟美，最后才能实现一种融合之美。因此，笔者综合古今人际及文化发展之道，提炼出“和美”。何为“幸福”？刘次林在《幸福教育论》中采用全面的人性观界定哲学及教育学意义上的幸福概念，认为幸福是人的生理、心理和伦理幸福的辩证统一，是人性得到肯定时的主观感受。幸福是教育的最终目的，与和美相辅相成。

二、学生发展的需求

科教兴国靠人才，人才培养靠教育。近年来，我国实行的素质教育正是立足于学生个性发展的教育，不但承认人在个性上存在差异，而且能从差异出发，以人的个性发展为目标开展个性化教育。因此在这一大环境下，班级教学及发展目标应该结合学生的发展需求来设定。“和美”既是最初的发展目标，也是最终的发展目标。班上的每一位学生都是独一无二的，他们有着不同的家庭背景、成长历程、学习能力等，因此个性鲜明。但在班级人际交往及学习发展中，要树立一个共同的奋斗目标——和美，才能帮助学生实现个性化发展。因此，教师要教会学生在学习生涯中发现自身之美、欣赏他人之美、感悟交流之美、实现融合之美。

家委会携手孩子们一起设计的班徽

三、课程育人目标

1. 明确“和美”之性

通过传统文化与经典故事的学习，帮助学生发现自身所具有的“和美”品质，学会以礼相待和为美。

2. 观察“和美”之象

通过联系生活实际，学生认知、感悟“和美”，逐步形成“和美”的班级氛围，帮助学生更好地表达情感、创新学习。

3. 实践“和美”之行

情境与体验相结合，形成学生个性发展的融洽氛围，帮助学生更好地认识自己，逐步确立发展目标，制订成长计划，建立学习团队，实践成长目标，从而实现以班级影响个人，以个人凝聚班级。

4. 实现“和美”之象

通过“了解·探究·实践”的学习，学生具备了一定的审美能力情感表达能力、人际交往能力、实践能力、创新能力、组织能力等，基本获得亲身体验及其产生的积极情感。

四、授课时间

周五15：25—16：05。

五、课程形式

本课程主要采取与班队会相结合的形式，培养学生“自主·探究·合作”的学习模式，并引导学生针对班级实际问题开展与“和美”相关的主题活动，进而发展学生的各项学习能力，提高“和美”悟性。

六、课程内容

1. 结合经典故事，了解“和美”

通过学习中国传统文化中有关“和”的经典故事，了解“和”文化，学会从“和”中提炼“美”感，明确“和美”的性质，进而引发“和美”的思考，逐渐发现自身所具有的“和美”品质，学会以礼相待和为美。此为明“和美”之性。

2. 联系生活实际，发现“和美”

通过对“和美”的初步了解，学生已具备一定的“审美”意识与能力，可引导学生在班级人际交往中学会发现“和美”，欣赏“和美”，如班级中的好人好事、班级卫生评比情况、学风班风的改善、学习能力的提升等，进而明白“和美”实质上渗透于班级中的每一个人、每一个角落、每一个时刻、每一次经历。最后逐步形成“和美”的班级氛围。此为观“和美”之象。

3. 开展多彩活动，实践“和美”

贾高见老师在《小活动·大德育》一书中表示，品德的形成过程是道德主体的自我建构过程，要真正改变学生，就要充分尊重学生在成长过程中的主体地位，调动学生的参与体验及体验基础上的感悟交流、认知升华、确认内化、体悟践行。因此，对学生的“和美”教育不能止步于理论，要根据“和美”的教学目标有意识地创设活动情境，引导学生在活动中参与、体验、感悟、交流，进而促进学生的成长。此为践“和美”之行。

4. 分享“和美”，实现“和美”

分享是一种幸福，而幸福又可以通过分享获得更多。因此，学生在经历明“和美”之性、观“和美”之象、践“和美”之行三个学习环节后，已具备“和美”使者的资格，而班级大同的实现则需要将这些使者融汇成一股大流。在最后一个环节中，教师要引导学生通过多种形式与人分享“和美”，如演讲比赛、征文比赛、评优评先活动等，进而激发学生通过活动的参与回忆“和美”历程、巩固“和美”氛围、珍惜“和美”学缘、实现“和美”大同。此为现“和美”之象。

军训时，设计的班级“和美”海报

七、教学设计

·第一课　在经典中明“和美”之性·

【教学目标】

通过学习中国传统文化中有关“和”的经典故事，使学生了解“和”文化，学会从“和”中提炼“美”感，培养“美”的感知力，发现自身之美。

【教学过程】

1. 经典导入，初识“和”

借用“将相和”“六尺巷”的经典故事初步了解“和”，引发思考：如果廉颇与蔺相如没有和好，对赵国的发展将会产生怎样的影响？宰相张英若没有“让他三尺又何妨”，张吴两家将如何发展？你从这两个故事里发现了什么？你有什么感受？

2. 经典诵读，“和即为美”

通过解读《论语·学而》《论语·子路》中有关“和”的言论，进一步知悉“何为和”“和为贵”，并就费孝通先生总结提出的“各美其美，美人之美，美美与共，天下大同”十六字“箴言”说说自己的看法与感悟，引导学生从“和”中逐步提炼“美”，明确“何为美”“和为美”。

3. 经典再现，深化“和美”

示例“狄梁公与娄师德”“苏轼与章惇”两则经典故事，引导学生根据狄梁公、苏轼的生平解读：狄梁公与娄师德虽一同担任相国，但狄梁公对娄师德抱有偏见，然娄师德屡屡上奏推荐狄梁公。章惇可谓苏轼悲惨仕途的祸首之一，可为何苏轼却道“天下无一个不好人”？引导学生学会多方位思考问题，并尝试换位思考，从中感受到因“和”带来的“美”。

4. 反思·小结

引导学生思考：本课的学习内容告诉了我们什么道理？通过学习，说说自己的理解：什么是“和”？什么是“美”？什么是“和美”？你的认知标准是什么？

课间，讨论班级“和美”文化的建设工作

5. 布置作业

建构自己理想中的“和美”班级（可拟大纲、可手绘）。

第二课　在生活中观“和美”之象

【教学目标】

通过联系生活实际，认知、感悟“和美”，全班实现“和美”共识，确立“和美”目标及内容，并为班级量身定做一套“和美”计划。

【教学过程】

1. 回顾“和美”，联系古今，畅谈中外

通过对上节课关于“和美”的学习内容，请学生说说自己知晓的古今中外有关“和美”的故事，并谈谈感受与启发。

2. 发现身边的“和美”与“不和美”现象

观看班级情景小剧表演：《不是我扔的垃圾我不捡！》《我考试作弊又怎么了！》，学会判断“和美”与“不和美”，说说二者分别会给班级带来什么样的结果，并引发思考：在班级中，你还发现了哪些“和美”与“不和美”的现象，你想对他们说些什么？对于“和美”实行者，你认为应如何嘉奖？对于

“不和美”施行者或现象，你又有什么办法可以改进？

3. 实现“和美”共识，共筑“和美”大家

引导学习小组自行在组内分享《我理想中的“和美”班级》，评出最优，并综合各小组优点重新探讨“和美”班级的目标、内容和计划。各小组派代表上台分享本组的“我理想中的和美班级”蓝图计划，其他小组做点评，选出最佳“和美”班级建构计划。在点评过程中由专员负责集优汇总，以便做终极计划的补充。

4. “和美”计划出炉

根据最终的“和美”计划，结合班内生活、学习两个方面制定相关班规章程，并推选相关的责任人、监督员、审判长等执法人员，做到奖惩有度。

5. 布置作业

设计“和美”班训、班徽、班级口号。

“和美”文化展演的彩排训练

·第三课　在活动中践“和美”之行·

【教学目标】

通过情境与体验相结合，帮助学生更好地认识自己，促进个性发展，逐步确立发展目标，制订成长计划，建立学习团队，形成“和美”班级成长合力。

1. 视频导入，激发班级凝聚力

视频是关于我国举办北京奥运会时，奥运圣火的传递活动在伦敦、巴黎举行时受到重重阻碍与威胁，但我国人民誓死捍卫国家荣誉，用生命保护奥运圣火。但有人说，奥运圣火哪有生命重要，在阻碍与威胁面前应该学会取生而舍其他。对此，你怎么看？

（引导学生明确一点：保护奥运圣火不仅仅是为了确保奥运会顺利进行，这也是一种团队精神，一种奥运精神，更是一种爱国精神！）

2. "和美"是根本，个人是地基，团队协作是条件

体验式活动：如何智慧不跌倒？体验一：请几位同学单独下腰，计算各自坚持的时间。体验二：请多位同学采用围成圆圈式下腰，下腰的同学依次将上半身枕在后方同学的身上借力，并将双手撑在自己的小腿后侧以支撑自己与前后两位同学不倒下，如此形成一个借力接力下腰的圆圈模式。计算坚持的时间。体验结果：第二种方法维持更久。交流分享：首先请学生说说自己的观察感悟，然后请体验者说说自己的感悟（团结一致的团体维系更久，不单是因为物理力学的原因，还有参与者因为团队荣誉这一信念的驱使。因此，协作持久的"战斗力"不仅惠及个人，更是团队稳固发展的重要条件）。小结：明确"'和美'是根本，个人是地基"的含义。

开展"和美"相关的主题班会

3. 探究：如何让班级更和美融洽

情景模拟一：

小A是个内向腼腆的男孩，因身型高大被推荐进入铅球队，且多次获得不错的成绩，但他的学习成绩却总是上不去，因此他非常自卑，且总觉得同学课间的玩笑是在嘲讽他。记性不好的他经常因为忘戴红领巾而被值日生批评。久而久之，他开始仇视同学，无视班规。而一年一度的运动会将在一个月后举行，作为班级干部或“和美”执法者的你，如何处理这个问题？

情景模拟二：

小B是个阳光开朗的女孩，不但形象清秀，而且文采斐然。因此她平日里也经常参加学校活动，为班级夺得了非常多的荣誉，她还主动帮助老师搬作业或给其他同学补习功课。正所谓“人红是非多”，优秀的她却也因此遭到了一些同学的“眼红”，或是说她抢了自己的风头，或是说她抢走了自己的好朋友，于是便纷纷诋毁小B同学，将其清秀的形象说成是花枝招展，将文采斐然说成是矫揉造作，将积极参加学校活动说成是争权夺利，将热情助人说成是收买人心。一时间，关于小B同学的言论席卷全班甚至整个年级，为此小B的朋友开始远离她。如果你是小B，你会怎么做？如果你是班级干部或者“和美”执法者，如何处理这个问题？（以上两种情景都涉及个人及班级的发展，为此，在教学过程中应引导学生围绕这两点来寻找切入点）

4. 我的班级我做主

分享个人发展规划：制订个人成长计划及发展目标，并说说你能为班级做什么，希望从班里获得什么。确立“和美”班训、班徽、班级口号：为进一步实现班级协作的融洽和谐，学习小组先在组内评选出最佳“和美”班训、班徽、班级口号，并作说明。每个小组派出代表，将本组重新组合的成品于班内分享展示，并作说明。活动最后，全体学生高喊班训及班级口号，实现班级合力。

5. 布置作业

演讲主题《和美》，征文主题《我与“和美”的故事》。

第四课　在实际中现“和美”之象

【教学目标】

引导学生通过演讲的形式与分享“和美”，讲述自己或班级的“和美”历程，并激发学生在回忆“和美”历程时不断巩固“和美”氛围、珍惜“和美”学缘、实现“和美”大同。

【教学过程】

1. 导入：前路虽漫漫，回忆却满满

教师将提前收集到的关于班级（或团体、个人）点滴成长的相关资料制作成视频或影集，提示学生观察其中的变化，可集中关注某个人、团体或者班级整体的变化，并说说感悟。

反思与回顾：引导全体学生思考班级（或团体、个人）为什么会有如此大的变化，并请当事人重点谈谈自己作为践行者有何具体计划或收获。

2. 我爱我班，我说我班

播放音乐，营造氛围，举行演讲比赛。

（1）演讲比赛规则

比赛由班主任担任监督长，2名学生担任活动主持人，2名记分员，1名计时员。评委由班级推选出的10名学生担任。各选手必须遵守班委的规定，抽签、比赛。

演讲稿必须是演讲者原创或班内征稿，不得抄袭。

演讲者的演讲时间严格控制在3分钟以内，不能在规定时间内完成演讲，则扣分。

本次活动将选取前三名，取得名次的学生将在校级教学活动中得到展示的机会，并颁发荣誉证书。

演讲比赛结束后，班主任将取得前三名的学生的演讲稿上交学校广播电台。

“和美”播报：说说我们的“和美”故事

（2）演讲评分细则

演讲内容3分。要求演讲主题鲜明，内容充实，且积极上进，情感真切。

语言表达3分。要求脱稿演讲，吐字清晰，表达流畅，演讲有一定技巧。

形象风度2分。要求衣着大方得体，仪态端庄自然。

演讲效果2分。生动，深刻。

“和美”分享家：小事件，大视角——说说我们的故事

“和美”演说家：班级辩论赛火热进行中……

3. 总结 · 思考

比赛结束后，全班作活动总结。教师引导学生在回忆与诉说的过程中，学会珍惜“和美”的学生情分。一路风雨，一路星辉，在不断实现和美大同的途中，幸福早已悄然而至。“和美”文化下的幸福教育也终将实现。

思考：为了进一步强化大家的“和美”精神，鼓足“和美”干劲，将班级的特色主题推广到年级甚至校内外，让“和美”班级走得更稳更远，我们还可以怎么做？

走近十二生肖，贴近传统文化

——“十二生肖”班本课程

深圳市宝安区径贝小学　叶楚欣

一、教学目标

（1）学生了解十二生肖的故事，学会分析故事中人物的性格特征。

（2）学生了解中国的传统文化，学习十二生肖的好品质。

（3）结合生活实际，发现你生活中的“十二生肖”。

二、教学重点

使学生了解十二生肖的故事，学会分析故事中人物的性格特征。了解中国的传统文化，学习十二生肖的好品质。

三、学情分析

学生在学习二年级下册的十二生肖排序时产生了疑惑：为什么十二生肖是这样排序的呢？别的动物为什么没有排进来？部分同学看过十二生肖的传说，急不可待地要讲给其他同学听，笔者觉得这是一次很好的自我挑战和团体合作的学习机会，于是就开展了“十二生肖”的班本课程。

四、教学设计

◆·第一课 了解十二生肖·◆

【教学目标】

（1）使学生熟悉十二生肖的顺序。

（2）使学生了解十二时辰与生肖的结合。

【教学过程】

1. 学生背诵十二生肖的顺序

子鼠、丑牛、寅虎、卯兔、辰龙、巳蛇、午马、未羊、申猴、酉鸡、戌狗、亥猪。

2. 老师讲解十二时辰与生肖的结合

观天象的最佳时机应是夜深人静、繁星满天的时候。子夜时分（23：00—1：00），古人（天文学家或道家）仰望天空良久，忽然听到周围有窸窣的声音，低头一看，原来是老鼠在活动。天长日久，古人发现鼠类出没频繁的时刻是子时。于是，子时便与鼠联系在一起，成了“子鼠”，并按一天的起始，排在属相的第一位。

“马无夜草不肥”，牛当然也是如此。农家以牛耕田，喂好牛是农家的大事。丑时（1：00—3：00），农人自会起身喂牛。牛与丑时联系在一起，便成了“丑牛”。

凌晨3：00—5：00，昼伏夜行的虎最凶猛，农人常常会在此时听到不远处传来的虎啸声。于是，虎与寅时相联系，便有了“寅虎”。

5：00—7：00，天亮了，兔子跑出窝，去吃带着露水的青草。于是，兔子与卯时相联系，便有了“卯兔”。

7：00—9：00，是容易起雾的时候。据说龙能腾云驾雾，大雾之中才会“神龙见首不见尾”。不过龙是传说中的动物，或者说是人用几种动物的“零件”拼凑起来的“人造动物”，在现实中看不到，只有大雾蒙蒙之中，人们才会产生龙的幻象。如此，龙才会在辰时的雾中“出现”。龙与辰时相联系，便有了“辰龙”。

9：00—11：00，大雾散去，艳阳当空。体温不恒定的蛇从洞穴中爬出来晒太阳。无论有毒还是没毒的蛇，都是可怕的，蛇最活跃的时刻便是“巳时”。在造字时，“巳”被画成了一条蛇的象形。“巳蛇”是天然地联系在一起的。

11：00—13：00，烈日当头。这“烈”，使人想到了人类“得力助手之一”的马。红鬃烈马是良驹，但它的性子就像午时的太阳一样火烈。马与午时相联系，就有了“午马”。

13：00—15：00，未时，骄阳已把草上的露珠晒干，可别忘了这正是放羊的好时光。于是，“未羊”应运而生。

15：00—17：00，申时，太阳偏西，或者雨过天晴，天气变得清爽起来。这时候，猴子最喜欢在树林里玩耍啼叫，人们听到了，记在心里，便把这一时辰与猴子联系在一起，于是有了“申猴”。

17：00—19：00，酉时，太阳快落山了，家养的鸡该回窝了；再不回窝，天一黑就会找不见。农妇着急了，四处呼唤着，轰鸡入窝。这吃饭喝酒的时辰，也与家鸡入窝相连，于是有了“酉鸡”。

19：00—21：00，戌时，人们在临睡之前要巡视一番；跟随他们的是人类的另一个“助手”——狗。巡视的时辰与狗联系起来成为“戌狗”，恰到好处。

21：00—23：00，深夜可以听到肥猪拱槽的声音，主人很高兴。不过要想猪长得肥壮，还得起身为它添食。亥时，自然与猪相连，于是有了“亥猪”。

表示十二时辰的十二个字与十二生肖相结合，便有了：子鼠、丑牛、寅虎、卯兔、辰龙、巳蛇、午马、未羊、申猴、酉鸡、戌狗、亥猪。

需要指出的是，由于古文献未记载十二生肖的文化源头，古今学者对此众说纷纭。十二地支与动物习性结合只是其中的一种说法，不是定论。

第一组是老鼠和牛。

老鼠代表智慧，牛代表勤奋。智慧和勤奋一定要紧紧结合在一起。如果光有智慧不勤奋，那就变成小聪明；而光是勤奋不动脑筋，那就变成愚蠢。所以这二者一定要结合，这是我们祖先对人的期望和要求，这也是最重要的一组。

第二组是老虎和兔子。

老虎代表勇猛，兔子代表谨慎。勇猛和谨慎一定要紧紧结合在一起，才能做到所谓的胆大心细。如果勇猛离开了谨慎，就变成了鲁莽；而没有勇猛，一味地谨慎，就变成了胆怯。这一组也非常重要，所以放在第二位。

第三组是龙和蛇。

龙代表刚猛，蛇代表柔韧。所谓刚者易折，太刚了容易折断，但是如果只有柔的一面，就容易失去主见，所以刚柔并济是我们历代的祖训。

第四组是马和羊。

马代表勇往直前，直奔目标，羊代表和顺。如果一个人只顾自己直奔目标，不顾周围情况，必然会不断磕碰，最后不见得能达到目标。但是一个人如果光顾着周围和顺，之后连方向都没有了，目标也就失去了。所以一往无前的秉性一定要与和顺紧紧结合在一起。

第五组是猴子和鸡。

猴子代表灵活，因为以前的年代没有钟，都是听鸡鸣声决定一天的开始，所以鸡定时打鸣，代表稳定。灵活和稳定一定要紧紧结合起来。如果光是灵活，没有稳定，再好的政策最后也得不到收获。但如果说光是稳定，一潭死水、一块铁板，那就不会有我们今天的好日子了。只有它们之间非常圆融地结合，一方面具有稳定性，保持整体的和谐和秩序；另一方面又能不断变通地前进，这才是最根本的要旨。

第六组是狗和猪。

狗代表忠诚，猪代表随和。一个人如果太忠诚，不懂得随和，就会排斥他人。而反过来，一个人太随和，没有忠诚，就失去了原则。所以，无论是对一个民族和国家的忠诚、对团队的忠诚，还是自己理想的忠诚，一定要与随和紧紧结合在一起，这样才容易真正保持内心深处的忠诚。这就是我们中国人一直坚持的外圆内方，君子和而不同。中国人每个人都有属于自己的生肖，有的人属猪，有的人属狗，意义何在？实际上，我们的祖先期望我们圆融，不偏颇。比如，属猪的人能够在他的随和本性中，要追求忠诚；而属狗的人则在忠诚的本性中，去做到随和。

了解了十二生肖的文化含义后，教师让学生选取自己最喜欢的一组搭配，当作自己的吉祥物，并和同桌交流。

第二课　猫和老鼠的故事

【教学目标】

（1）学生熟练地演讲猫和老鼠的故事，提高语言表达能力。

（2）拓展关于老鼠的歇后语，积累语言。

【教学过程】

1. 学生上台演讲故事

很久以前，有一天，人们说："我们要选十二种动物作为人的生肖，一年一种动物。"天下的动物有多少呀？怎么个选法呢？这样吧，定一个日子，这一天，动物们来报名，就选先到的十二种动物为十二生肖。

猫和老鼠是邻居，又是好朋友，它们都想去报名。猫说："咱们得一早起来去报名，可是我爱睡懒觉，怎么办呢？"老鼠说："别着急，别着急，你尽管睡你的大觉，我一醒来，就去叫你，咱们一块儿去。"猫听了很高兴，说："你真是我的好朋友，谢谢你。"

到了报名的那天早晨，老鼠一早就醒来了，可是它光想着自己的事，把好朋友猫的事给忘了，就自己去报名了。

结果，老鼠被选上了。猫呢？猫因为睡懒觉，起床太迟了，等它赶到时，十二种动物已被选定了。

猫没被选上，就生老鼠的气，怪老鼠没有叫它，从这以后，猫见了老鼠就要吃它，老鼠就只好拼命地逃。

一名学生提前熟悉故事，上台演讲，讲完后集体讨论：猫和老鼠的做法对不对呢？学生讨论完后总结：老鼠答应了叫醒猫，却不履行诺言，这是背信弃义。猫自己不守时，把希望寄托在别人身上，这也是不对的。

2. 拓展关于老鼠的歇后语

在中国无数的歇后语中，与鼠有关的，如："老鼠过街——人人喊打""老鼠看天——小见识""老鼠掉进米缸里——因祸得福""捂着脑袋赶老鼠——抱头鼠窜""老鼠咬象鼻——不识大体""老鼠钻书箱——咬文嚼字""出洞的老鼠——东张西望""老鼠逗猫——没事找事"等。这些歇后语诙谐风趣，令人过目难忘。

在学习歇后语的过程中，尽量让学生去猜想，充分发挥学生的主观能动性。

◆·第三课　牛和老鼠的故事·◆

【教学目标】

（1）学生熟练地演讲牛和老鼠的故事，提高语言表达能力。

（2）让学生认识“拓荒牛”，了解深圳的发展史。

（3）让学生寻找身边最可爱的人。

【教学过程】

1. 学生演讲故事

报名那天，老鼠起得很早，牛也起得很早。它们在路上碰到了。牛个头大，迈的步子也大，老鼠个头小，迈的步子也小，老鼠跑得上气不接下气，才跟上牛。老鼠心想：路还远着呢，我快跑不动了，这可怎么办？它脑子一动，想出个主意来，就对牛说：“牛哥哥，牛哥哥，我来给你唱支歌。”牛说：“好啊，你唱吧——咦，你怎么不唱呀？”老鼠说：“我在唱哩，你怎么没听见？哦，我的嗓子太细了，你没听见。这样吧，让我骑在你的脖子上，唱起歌来，你就能听见了。”牛说：“行啰，行啰！”老鼠就沿着牛腿一直爬上了牛脖子，让牛驮着它走，可舒服了。它摇头晃脑，真的唱起歌来：“牛哥哥，牛哥哥，过小河，爬山坡，驾，驾，快点儿啰！”牛一听，乐了，撒开四条腿使劲跑，跑到报名的地方一看，谁也没来，高兴得哞哞地叫起来：“我是第一名，我是第一名！”牛的话音未落，只见老鼠从牛脖子上一蹦，蹦到地上，吱溜一蹿，蹿到牛前面去了。结果，老鼠得了第一名，牛得了第二名，所以，在十二生肖里，小小的老鼠排在最前面。

从这个故事可以看出老鼠非常狡猾，善于欺骗他人。所以有很多关于老鼠的成语和熟语都是不好的，如贼眉鼠眼、鼠目寸光、鼠头蛇尾、胆小如鼠、抱头鼠窜、过街老鼠，人人喊打。教师鼓励学生在练习本上收集与老鼠相关的成语或熟语。同时对比老鼠，我们会发现牛是十分善良老实的，孩子们都说老牛虽然排名第二，但在他们心目中，老牛是排在第一位的。笔者听了十分感动，灵机一动就想到了“拓荒牛”任劳任怨的形象。

2. 认识“拓荒牛”，了解深圳的发展史

牛不畏艰难、艰苦奋斗，历来被人们称赞，我们深圳市政府前就有一座“拓荒牛”的雕塑。35年前，深圳的创业者们就像这头“拓荒牛”一样，任劳任怨，无私奉献，把一个贫穷的海边小村子开拓成为一个国际性现代化城市，“拓荒牛”代表的正是深圳这种开拓、勤勉精神。同学们可以在周末的时候去看看这座雕塑，听听爸爸妈妈讲讲过去的故事。

同学们，你们身边有没有这样一群任劳任怨、无私奉献的人呢？学生在老师的启发下，关注到每天护送他们上学、放学的家长、义工任劳任怨，默默奉献。因此，笔者鼓励孩子们每天见到家长、义工，要心怀感恩，微笑问好。家长们都纷纷表示，孩子终于懂得感恩了！

第四课　虎的传说

【教学目标】

（1）学生熟练地演讲虎的故事，提高语言表达能力。

（2）让学生了解老虎的传统文化，寻找身边的“老虎”。

（3）成语大观园。

【教学过程】

1. 学生演讲故事

在远古的时候，属相中有狮子，没有老虎。由于狮子太凶残，名声不好，玉皇大帝想把狮子除名，但又必须补进一位镇管山林的动物。这时，玉帝想到了殿前的虎卫士。

天宫的虎卫士从前也只是地上一种不出名的动物。它从猫师傅那里学得抓、扑、咬、剪、冲、跃、折等十八般武艺后，成为山林中的勇士。凡是与它较量的，非死即伤。从此，老虎雄霸山林。后来，玉帝听说老虎勇猛无比，便下旨传老虎上天。老虎上天之后，同玉帝的卫士较量，赢得胜利。从此，老虎便成了天宫的殿前卫士。

谁知不久之后，地上的飞禽走兽见无人镇管，开始胡作非为起来，给人间造成了灾难。这事惊动了土地神，土地神连忙上报天庭，请玉帝派天神镇百兽。玉帝便派老虎下凡，老虎要求每胜一次，便给它记一功。玉帝只求人间安宁，当然满口答应老虎的要求。

到了凡间，老虎了解到狮子、熊、马是当时最厉害的三种动物。它就专门向这三种动物挑战。老虎凭着勇猛和高超的武艺连接击败了狮子、熊、马。其他恶兽闻风而逃，藏进了无人居住的森林荒野。人间欢声动地，感谢老虎为人间立了大功。

回到天上，玉帝因老虎连胜三伏，便在它的前额刻下了三条横线。后来，人间又受到东海龟怪的骚扰，大地一片汪洋。虾兵蟹将作恶人间，老虎又来到凡间，咬死了龟怪。玉帝一高兴，又给老虎记一大功，在额头的三横之中又添了一竖。于是一个醒目的“王”字现于老虎前额。从此，老虎便为百兽之王，总管百兽。时至今天，虎额上还可见到威风的“王”字。

狮子的恶名传到天宫后，玉帝便决定除去狮子的属相头衔，补进了兽王虎。从此，虎成了属相，狮子则被贬到遥远的南方去了。当然，老虎也从玉帝的殿前卫士下到凡间，永保下界安宁。今天也还有虎符、虎环、虎雕等除灾免祸的祛邪物。在农村，不少人家喜欢给孩子戴虎头帽、穿虎头鞋。这就是图个趋吉避邪，吉祥平安。

从故事当中我们可以看出老虎哪些可贵的品质呢？勇敢、勤奋、惩恶扬善。

2. 了解老虎的传统文化

老虎作为勇敢、平安的信物，在古代有很多手工作品，如老虎作为兵符制作形状。又如孩子穿戴虎头帽和虎头鞋，寓意吉祥平安。同学们课后可以去寻找身边的“老虎”，看看还有哪些关于老虎的信物沿用至今。

3. 成语大观园

我们还保留了许多关于虎的成语，虎的成语有褒义，也有贬义，同学们能区分开吗？

褒义：虎虎生威　龙吟虎啸　虎头虎脑　卧虎藏龙　如虎添翼

贬义：虎视眈眈　为虎作伥　虎头蛇尾　暴虎冯河　苛政猛于虎

第五课　兔子和黄牛的故事

【教学目标】

（1）学生熟练地演讲兔子和黄牛的故事，提高语言表达能力。

（2）学生了解“兔”的汉字文化。

【教学过程】

1. 学生演讲故事

相传兔子和黄牛是邻居，他俩相处很好，互称兄弟。黄牛勤劳苦干，兔子机灵能干，日子都过得不错。

有一天，善于长跑的兔子在黄牛面前炫耀道：“我是动物世界的长跑冠军，谁也跑不过我！”黄牛虚心求教长跑的绝招，兔子却骄傲地摇摇头说：“长跑冠军得靠先天的素质，学是学不会的。再说，长跑得身轻体便，你这粗壮的身子，恐怕是永远也跑不快的。”

黄牛的心给兔子说得凉了半截，可心里却不服气。从此，黄牛开始练长跑，凭着一股坚韧不拔的牛劲，黄牛终于练成一双“铁脚”。尾巴一翘，四蹄如风，走几天几夜也不疲乏。

到了玉皇大帝排生肖的日子，依照规则，谁先到就让谁当生肖。黄牛与兔子约定，鸡叫头遍就起来，直奔天宫争生肖。

鸡叫头遍，黄牛起床时，兔子早就跑了。兔子跑了好一阵子，回头一看，不见任何动物的影子。兔子心想，我今天起得最早，跑得又最快，就是睡上一觉起来，这生肖的头名也非我莫属。于是，它在草地上呼呼大睡起来。

黄牛虽然落后了，但它凭坚韧的耐力和平时练就的铁脚，一鼓作气，当兔子还在酣睡的时候，便先跑到了天宫。

一阵急促的脚步声惊醒了兔子，睁眼一看，原来是老虎一阵风般地跑过去了。这下兔子急了，赶紧追赶，可惜慢了一步，最终还是落在了老虎之后。由于牛的双角间还蹲了一只投机取巧的小老鼠，结果兔子只排到了第四位，前三名是鼠、牛、虎。

兔子虽然当上了生肖，但终觉得脸上无光，输给了自己讽刺过的老牛，回来以后，把家搬到了土洞中，现在的野兔也还是住在土洞中，不过，兔子是不会吸取教训的。不信，你今天再来一个“牛兔赛跑”或者“龟兔赛跑”，得冠军的肯定不是兔子。

故事中的兔子骄傲自大，嘲笑他人，最终输给了黄牛，而黄牛坚韧不拔、自强不息，凭借自己的努力，跑赢了兔子。

2.“兔”的汉字文化

在中国传统文化中到处都有生肖兔的影子。早在中国封建社会之初的商代，人们就通过对兔的观察，创造了兔的象形字，后来逐渐发展演变成了今天的“兔”字。汉字中有不少都与兔有关，如免、娩、冤、逸等。

免的原义是“兔逃逸”，《说文解字·兔部》注：“兔不获于人，则谓之免。”后来经过引申，凡躲过、避开了灾难等不利的事都可称为“免”。

“娩”字原是指兔的生育，《尔雅·释兽》上说“兔子曰娩”，后来经过发展，“分娩”才专指人的生育。可见，在人出生之初，就遇到了一种与兔相关的文化现象，而且每过十二年都要遇到一个兔年，属兔的人更是终身与兔生肖相伴。

人们有时会对自己遇到的某些事情感到冤屈，“冤”字以“兔”为主要部分，说到“冤”，就需要谈谈“冤”与“兔”的关系。东汉许慎的《说文解字》将“冤”解释为：“冤，屈也，从兔从冖，兔在冖下不得走，益屈折也。”“冖”是“覆盖”的意思，如此看来，“冤”的本意是指被罩住的兔子，不能自由奔走、自由行动，又由被覆盖住的兔联系到人，于是就有了某人被“冤枉”的说法。

“逸”字“从辶从兔”。原意是“兔谩訑善逃失也”，有放纵、快速等意思，由放纵又产生了安乐、闲而不劳等含义，今天我们常用的“安逸”一词，就有这层意思。

中国与兔有关的成语典故也很多：守株待兔、兔死狗烹、狡兔三窟、兔死狐悲、动如脱兔、龟毛兔角、兔起鹘落等。成语“狡兔三窟”用兔子有多处洞穴来比喻人要多些掩蔽措施和应变办法，用以保护自己。它来自《战国策》的名篇《冯谖客孟尝君》。齐国国相孟尝君门下有个食客名叫冯谖，被孟尝君派往薛地收债。冯谖问孟尝君，收债之后买些什么东西回来，主人答道：“你看我缺什么就买什么好了。”冯谖到了薛地，看到欠债者都是贫苦庄户，立即以孟尝君的名义宣布债款一笔勾销，将各户的债务契约烧掉了。孟尝君见到冯谖后，问他给自己买了什么。冯谖说："你财宝马匹美女应有尽有，我就替你买了'仁义'回来。"孟尝君知道事情的原委后，又气又怒，但已无法挽回，十分无奈。后来，齐国国君废除了孟尝君的相位，他只好回到薛地生活。薛地的百姓听说孟尝君来此的消息，扶老携幼走数十里路去夹道欢迎孟尝君。此时他才恍然大悟冯谖为他买的仁义价值所在，连连感谢冯谖。冯谖说："狡兔三窟，仅得免其死耳。今有一窟，未得高枕而卧也。"意思是说，狡兔三窟才免去死亡的危险，你只有一处安身之所，不能高枕无忧啊！

"兔"字在书写时，许多学生会漏写一点，所以笔者专门编了一个口诀来帮助学生记忆：兔子两只耳朵长又长（斜刀头），身体扁又胖（口字部），前腿长（竖撇），后腿短（竖弯钩），尾巴只有一点点（一点）。学生对这样的形象口诀记忆非常喜欢，一下子就把这个字记住了。

第六课　龙的传说

【教学目标】

学生熟练地演讲龙的故事，提高语言表达能力。

【教学目标】

（1）学生熟练地演讲虎的故事，提高语言表达能力。

（2）龙的成语。

【教学过程】

1. 学生演讲故事

据说，远古时代的龙是没有角的，那时的龙在地上生活。它身强体壮，能飞，善游，想当属相，也想当兽王，取代虎。于是，人间产生了龙虎斗，结果难分难解。最后，玉帝觉得它们斗得太不像话，下旨叫它们来天宫评理。临行时，龙想到自己虽然高大，却不及老虎威风，怕玉帝小看自己，当不上兽王，也排不上属相。这时，龙的小弟蜈蚣出了个主意："公鸡有一对漂亮的角，不妨借来戴上，这一定会给龙大哥添几分威风。"龙听后大喜，便同蜈蚣来找公鸡借角。

公鸡听说龙要借它的角，死活不肯。龙一见急了，对天发誓道：“如果我不还你的角，回陆地就死。”蜈蚣也在一旁担保道：“如果龙大哥不还你的角，你一口把我吃掉。”公鸡见蜈蚣作保，便把角借给了龙。

龙和虎到了天宫，玉帝见龙和虎都十分威风，便下令龙虎都做兽王，虎为陆地百兽之王，龙做水中水族之王。虎既然可以当属相，龙也可以成为属相，只不过得在后面一些。于是，龙和虎皆大欢喜，辞别玉帝回到凡间。回来后，龙心里想，如果把角还给公鸡，水族们见我这么丑能服我管吗？于是决定不还公鸡的角，一头扎进水中，再也不上陆地了。

公鸡见龙不还角，气得满脸通红，迁怒于蜈蚣，蜈蚣吓得从此钻进石缝中。今天我们还可以见到，公鸡的脸总是红的，蜈蚣也难得爬出地面，公鸡见到蜈蚣总是一口一个吃掉，并且总是在喊：“龙哥哥，还我的角！”而龙呢，再也没有到陆地上来了。

人们在创作传说的时候，总是结合动物特有的习性，如“公鸡的脸总是红的，蜈蚣也难得爬出地面，公鸡见到蜈蚣总是一口一个吃掉”。

2. 龙的成语

龙作为我们祖先的图腾，我们经常说自己是龙的传人、龙的子孙。这一点从成语就可见一斑。我们有着大量关于龙的成语，接下来我们进行龙的成语飞花令。

生龙活虎、车水马龙、来龙去脉、卧虎藏龙、乘龙快婿、望子成龙、画龙点睛、蛟龙得水、群龙无首、叶公好龙、龙生九子、龙吟虎啸、龙争虎斗、龙肝凤髓、龙飞凤舞……

第七课　蛇的传说

【教学目标】

（1）学生熟练地演讲蛇的故事，提高语言表达能力。

（2）蛇的成语。

【教学过程】

1. 学生演讲故事

很久很久以前，蛇和青蛙是朋友，不过蛇那时长有四条腿，青蛙却没有腿，靠肚子蠕动爬行。可是蛇好吃懒做，青蛙十分勤快，它不但要捉虫给蛇吃，还帮助人们捉害虫。

人类当然厌恶蛇而喜欢青蛙了。蛇发现人们讨厌它，便仇视人，它见人就咬，见畜就吃，弄得人间很不安宁。土地神见状，告到了天宫。玉帝将蛇传上天宫，劝它改恶从善，蛇却口出狂言，绝无悔改之意。玉帝大怒，令神兵砍去蛇的四条腿，免得害人，从此，蛇就失去了四条腿，玉帝见青蛙有功于人，将蛇的四条腿赐给青蛙。

青蛙有了腿之后，更勤快了。蛇知错改过，决心改造自己，也开始吃害虫，并拖着长长的躯体，一声不响地为人类做好事，蛇还跟着龙学治水。蛇死后，将自己的躯体献给人类，作为药物救治了许多病人。玉帝见蛇知过能改，奋发向上，在册封十二生肖时，让它排在龙的后面，当上了人类的生肖。

蛇当上生肖后，当然不伤人了，一旦恶念萌发，便将恶念化成一层皮蜕下，以示重新做人。尽管如此，它还是对青蛙拥有它的四条腿怀恨在心，因此，直到今天，蛇还是见青蛙就咬。青蛙自知占了蛇的便宜，于是见了蛇就会吓得发抖，急急忙忙地躲开。

2. 学生演讲孙叔敖的故事

战国时，有个小孩叫孙叔敖。他的奶奶常常给他讲两头蛇的故事，说如果不小心遇到了两头蛇，必死无疑。

一天，孙叔敖出去游玩，看见一条长着两个头的蛇，便杀死它并埋了起来，而且一边哭一边回家。母亲问他为什么哭泣，孙叔敖回答道："我听说看见长两个头的蛇的人必定要死，刚才我见到了一条两头蛇，恐怕要离开母亲您先死去了。"

母亲说："蛇现在在哪里？"

孙叔敖说："我担心别人再看见它，就把它杀掉并埋了起来。"

母亲对他说："我听说积有阴德的人，上天会降福于他，所以你不会死的。"

孙叔敖长大成人后，做了楚国的令尹，还没有上任，人们都相信他是个仁慈的人。

这个故事告诉我们要与人为善，宁愿自己吃些亏，也要让别人获益。为他人多做好事，自然会获得别人对你的尊重和爱戴，在你遇到困难时，别人也会帮助你。

3. 蛇的成语

杯弓蛇影、龙蛇飞舞、画蛇添足、人心不足蛇吞象、打草惊蛇、龙蛇混杂、蛇蝎为心……

第八课　马的传说

【教学目标】

（1）学生熟练地演讲马的故事，提高语言表达能力。

（2）马的成语。

【教学过程】

1. 学生演讲故事

传说古时的马有双翅，叫天马，它在地上会跑，在水中能游，在天上能飞，是一种极有威力的动物，后来它在玉帝殿前做了一匹御马。天马因玉帝宠爱，渐渐骄横起来，时常胡作非为。一日，天马出天宫，直奔东海要硬闯龙宫。守宫门的神龟及虾兵蟹将一齐阻挡。天马恼羞成怒，飞腿踢死了神龟，此事闹到天宫，玉帝便下令削去天马的双翅，并将其压在昆仑山下，三百年不得翻身。

二百多年后，人类始姐——人祖，要从昆仑山经过，天宫玉马园的神仙便给天马透了信，并告诉天马如何才能从山下出来。当人祖经过时，天马大喊道：“善良的人祖，快来救我，我愿同您去人世间终生为您效力。”人祖听了，生出同情之心，便依天马所言，砍去了山顶上的桃树，只听一声巨响，天马从昆仑山底一跃而出。

天马为了答谢人祖的救命之恩，同人祖来到人世间，终生为人祖效劳。平时耕地拉车、驮物，任劳任怨；战时，披甲备鞍，征占沙场，同主人出生入死，屡建战功。从此，马和人就成了形影不离的好朋友。当玉帝准备挑选十二种动物为生肖时，马便成了人类最先推选的动物之一。玉帝也因马立功赎罪，有益于人而让马当上了生肖。

民间的传说固然是虚构的，但事实上马与人类的关系这样亲密，是任何家畜都不能比的。自从人类告别渔猎时代，进入农耕社会，马就成了人类最先饲养的动物之一。马以它聪明、勇敢、忠诚耐劳的特征，成为人类可靠的朋友，得力的助手，无论是在农耕、狩猎、运输、交通等方面，还是在古今中外血雨腥风的战场上，马都给人类立下了汗马功劳。无怪古人将马称为“六畜之首”了。在今天，尽管科技发达，机械化程度提高，马作为人类助手这一作用有所削弱，但千百年来那一幅幅天马行空、老骥伏枥、千金买骨、义马救主的动人图景，那一份祖先传下来的恋马之情却永远不会消失。

马以它的忠诚、勤恳、灵性获得了人类的认同，它成为人类的生肖是当之无愧的。

2. 关于“马”的成语

有关马的成语有很多，例如：

走及奔马　马尘不及

得马失马　车水马龙

马牛其风　马如流水

第九课　羊的传说

【教学目标】

（1）学生熟练地演讲羊的故事，提高语言表达能力。

（2）对比阅读。

【教学过程】

1. 学生演讲故事

在远古洪荒时代，人间是没有五谷的，人类以蔬菜和野草为食，严重的营养不良使人类面黄肌瘦。

有一年秋天，一只神羊从天宫来到凡间，发现人类面有菜色，神情萎靡。问及原因，才知道人类不种粮食，连什么叫粮食也不知道。神羊善心大发，当即告诉人们下次一定给他们带些粮种来。原来当时只有天宫御田里才种有营养丰富的粮食，吝啬的玉帝不愿把粮食给人类分享。

神羊回到天宫后，趁半夜守护天神熟睡之际，偷偷溜进御田，摘下五谷（稻、稷、麦、豆、麻），含在口中，趁天还未亮，溜至凡间。人类听说神羊给他们带来了五谷种子，都十分好奇。神羊把种子交给人类，又告知了种植五谷的方法，就静静地回天宫去了。

人类播下五谷种子，当年就长出了庄稼。在收获时，人类见到五谷的穗，既似羊头，又像羊尾，收获的粮食又香又甜，收获的麻织成的衣裳穿在身上又轻又暖。人们在秋收冬藏之后，便举行了盛大的祭奠仪式，以感谢神羊的送种之恩。

盛大的祭羊仪式惊动了玉帝，玉帝知道人间出现了五谷，立即想到是神羊把五谷带给人间。查明情况后，玉帝迁怒于神羊，命令天宫宰羊于人间，并要人们吃掉羊肉。

第二年，稀奇的事发生了，在神羊行刑的地方，先是长出了青草，后来长出了羊羔，羊从此在人间传宗接代，以吃草为生，把自己的肉、奶无私地贡献给人类，人类则出于对羊舍身的感谢，每年都举行腊祭，以示纪念。

当人类听说玉帝要挑十二种动物为人类生肖并赐为神之后，人们一致推举羊作为这类生肖。尽管玉帝对羊盗谷之事耿耿于怀，但众意难违，只好同意羊当上了生肖。

2. 对比阅读希腊神话《普罗米修斯》

普罗米修斯设法窃走了天火，偷偷地把它带给人类，火使人成为万物之灵。宙斯对此大发雷霆。他令其他的山神把普罗米修斯用锁链缚在高加索山脉的一块岩石上。一只饥饿的恶鹰天天来啄食他的肝脏，而他的肝脏又总是重新长出来。他的痛苦要持续三万年。而他坚定地面对苦难，从来不在宙斯面前丧失勇气。

总结：羊同希腊神话中的普罗米修斯一样伟大，普罗米修斯因盗天火给人间而被缚在山上，羊则因盗五谷种子给人间而舍生取义。

第十课 猴的传说

【教学目标】

（1）学生熟练地演讲猴的故事，提高语言表达能力。

（2）成语故事会。

【教学过程】

1. 学生演讲故事

传说，老虎在当初就以镇山制兽之威名当上了兽王。当时山中百兽见了老虎都立即回避，老虎当然是既得意又感到孤独。猴子那时与老虎是邻居，二人称兄道弟，当虎王外出时，猴子便代行镇山之令。百兽慑于虎王的威风，也只好听猴子的召唤，这便是“山中无老虎，猴子称大王”的来历。

一天，虎王不幸落入了猎人的网中，拼命挣扎也无法脱身，恰好猴子来了，虎王高喊救命。猴子见了，连忙爬上树，解开了猎人的网绳，救出了虎王。

虎王脱险后，虽然嘴上不住地感谢猴子老弟，心里却在盘算：我是百兽之王，竟然中了猎人的圈套，还是被小猴子搭救，这事若让猴子张扬出去岂不灭了我虎王的威风，不如干掉猴子算了。可是转念一想，如今自己已经是孤家寡人了，再干掉猴子，今后连一个朋友也没有了。如果再有危险，谁来帮我呢？再说，猴子怕我，也绝不会把今天的事说出去的。

于是，老虎告诉猴子，今天的救命之恩，今后一定报答。猴子今后有什么为难之事，自己一定全力报答。猴子当然也对虎王遇险的事闭口不提，保全虎王的面子，这之后，二人的关系更好了。

许多年之后，玉帝开始选生肖。身为百兽之王，老虎理所当然地当上了生肖。猴子一见，也想当生肖。可是玉帝挑生肖有条原则，那就是对人类有功。猴子对人类无功可言，自然选不上。于是猴子请虎王向玉帝求情，让它当生肖。虎王因为欠猴子的情，只好尽力去帮猴子说情，对玉帝讲猴子机智，为百兽之首，还说自己不在时，猴子也有镇山之功，于是，玉帝下旨，将猴子也列入生肖之中。

2. 成语故事会

火中取栗

从前有一只猴子和一只猫看到农家院中正在炒栗子，猴子馋得口水直流，就问猫喜不喜欢吃栗子。猫表示想吃，猴子叫猫趁主人不在时去烧着火的锅里拿栗子。猫忍着烫把栗子一个一个拿出来，猴子则在一旁乐呵呵地一个个吃栗子。

◆·第十一课　鸡的传说·◆

【教学目标】

（1）学生熟练地演讲鸡的故事，提高语言表达能力。

（2）古诗欣赏。

（3）成语故事会。

【教学过程】

1. 学生演讲故事

鸡王是一个争强好胜的家伙，成天惹是生非，打架斗殴。玉帝选生肖的时候，考虑的是动物对人类有无功劳，鸡王当然也排不上了。有一天，鸡王看到已当生肖的马受人宠爱，金鞍银镫，心中十分羡慕，于是上前问道：“马大哥，你有今天的荣誉，靠的是什么？”马回答道：“我平时耕田运物，战时冲锋陷阵，给人类立下汗马功劳，所以受到爱戴。”要得到人们的爱戴并不难，只要你能发挥自己的长处，给人们实实在在地做事就行了。拿已当生肖的动物来说吧，牛能耕田，狗能守门，猪供人肉食，龙可降雨，你天生金嗓子，说不定对人类有帮助呢。

鸡王回到家中，左思右想，终于想到了用自己的金嗓子唤醒沉睡的人们。于是每天拂晓，鸡王就早早起床，亮开嗓子歌唱，把人们从睡梦中唤醒。人们对鸡王十分感激，请玉帝把鸡也作为生肖赐封为神。可当时玉帝选生肖的标准只要走兽，不要飞禽，六畜中的马、牛、羊、狗、猪都有份，唯独没有鸡，这下可急坏了鸡王，它急红了眼，喊哑了嗓子，却毫无结果。

一天晚上，鸡王为这事翻来覆去睡不着，一缕幽魂直飞天宫，来到玉帝殿前，向玉帝哭诉，自己每天司晨，唤起众生，功劳颇大，却不让入选属相，实在想不通。说完后，泪流不止。玉帝一想，鸡王的功劳实在大，自己规定的挑生肖标准确实有误，于是摘下一朵殿前花戴在鸡王头上，以示嘉奖。

鸡王醒来后，发现头上真有一朵红花，于是它戴着红花去见四大天王，四大天王认出这是玉帝的殿前红花，知道玉帝看重鸡王，于是破格让鸡王参与生肖竞争。到了排生肖那天，鸡与狗同时起床，相并而进，快到天宫时，鸡怕狗占了先，就连飞带扑地到前面去了。狗急起直追，一直没追上，结果排在鸡之后，从此，狗对鸡再无好感，见到鸡就追，直到今天还余怒未消，“狗撵鸡飞”的现象至今可见。而鸡呢，至今还是红着脸每天司晨，头上戴着一朵漂亮的大红花。

2.《画鸡》

鸡不仅长得十分漂亮，每天还为人们打鸣司晨，古人还为鸡作了一首诗，我们还学过呢，一起来复习一下。

画鸡

明·唐寅

头上红冠不用裁，满身雪白走将来。

平生不敢轻言语，一叫千门万户开。

3. 闻鸡起舞

鸡鸣是催人奋进的励志之声。晋朝时，祖逖、刘琨是性情豪迈、胸襟开阔的两个年轻人，平时同居一室，相互砥砺，研究学问，都想找机会为国家效力。一天清晨，大地一片沉静，忽然响起一阵嘹亮的鸡啼。祖逖从睡梦中惊醒，把刘琨也叫起来，说：“你听，那鸡啼声多么清脆悦耳，它引吭高歌，不正是要唤醒我们年轻人发愤图强吗？”“是啊，我们不能再贪睡了！”两人披衣下床，来到院中，只感到阵阵寒意，战栗得定不下心来读书，便取出剑，在曙光将露前挥舞起来。两人越舞越有精神，越舞越有力量，直到东方发白。这就是“闻鸡起舞”的典故。古往今来，不知激励了多少仁人志士！

第十二课　狗的传说

【教学目标】

（1）学生熟练地演讲狗的故事，提高语言表达能力。

（2）电影欣赏。

【教学过程】

1. 学生演讲故事

传说，在玉帝下旨挑选十二种动物当属相的时候，动物们都想当属相，封为神。动物们都尽量把自己的优点表现出来，想在玉帝面前证明自己是人类的得力助手。不仅如此，动物们还想让自己的位置排在前面，因此都在争论谁对人类贡献最大……猫和狗都同人类关系密切，猫认为狗吃得太多，成天只是趴在门口，没什么贡献。狗认为猫成天只吃好的，也没做什么事，不过是念念经，吓唬吓唬小老鼠，也没什么贡献。它们争执不休，于是一同到玉帝面前评理。

玉帝问狗：“你一顿吃多少？”狗老老实实地回答：“我每天看门守院，一顿一盆。”玉帝又问猫：“你一顿吃多少？”猫灵机一动，说道：“我会念经，抓老鼠，每顿吃一灯盏就够了。”事实上，猫只吃好东西，也不止吃一灯盏。猫只是巧妙地告诉玉帝，自己自食其力，抓老鼠吃，那么，它的贡献就一定比狗大了。

听了猫和狗的话，玉帝断定，猫吃得少干事多，贡献比狗大。狗一听，气愤极了，觉得猫用不光彩的谎言来胜自己，于是一边骂，一边追咬猫。猫自知理亏，一路跑个不停，到了家也不敢露面，东躲西藏，不敢出来。

趁着猫躲避它的机会，狗连忙同鸡一块儿去天宫排队当属相。鸡连飞带跑，排在了狗的前面。躲在暗处的猫很久不见狗的影子，出来后才知道狗抢先当属相去了。它连忙飞跑到天宫，排在猪的后面，哪知小老鼠耍了个手段，藏在牛角中抢先当了属相。结果猫与属相无缘，从此，猫恨透了鼠，见鼠就咬。狗虽然当上了属相，但它始终不原谅猫，见到猫就追，直到今天也还是这样。

晚上7—9时（即“戌时”），黑夜来临，狗看家、守夜的警惕性最高，并产生了一种特殊的视力和听力，看得最远，听得最清楚。所以戌时属狗。

2. 电影欣赏：《忠犬八公》

狗是人类忠心的朋友，对人类贡献很大，如导盲犬、警犬等。人们还把狗的忠心形象拍成了电影，如《忠犬八公》。请学生观看电影《忠犬八公》的片段。

第十三课　猪的传说

【教学目标】

（1）学生熟练地演讲猪的故事，提高语言表达能力。

（2）为猪正名。

【教学过程】

1. 学生演讲故事

古时候有个员外，家财万贯，良田万顷，只是膝下无子。谁知年近花甲之年，却得了一子。合家欢喜，亲朋共贺。员外更是大摆宴席，庆祝后继有人。宴庆之时，一位相士来到孩子面前，见这孩子宽额大脸，耳郭有轮，天庭饱满，又白又胖，便断言这孩子必是大富大贵之人。

这胖小子福里生、福里长，自小便衣来伸手，饭来张口，不习文武，不修农事，只是花天酒地，游手好闲，认为命相已定，福贵无比，不必辛苦操劳。哪知这孩子长大成人之后，父母去世，家道中落，田产典卖，家仆四散。这胖小子仍然过着挥金如土的生活，最后饿死在房中。这胖小子死后阴魂不散，到阴曹地府的阎王那里告状，说自己天生福贵之相，不能如此惨淡而亡。阎王将这阴魂带到天庭玉帝面前，请玉帝公断。玉帝召来人间灶神，问及这位一脸富贵相的人怎会饿死房中。灶神便将这胖小子不思学业、不务农事、坐吃山空、挥霍荒淫的行为一一禀告。玉帝一听大怒，令差官听旨，让胖小子听候发落。玉帝道：“你命相虽好，却懒惰成性，今罚你为猪，去吃粗糠。”这段时间恰逢天宫在挑选生肖，这天宫差官把“吃粗糠”听成了“当生肖”。当即把这胖小子带下人间。从此，胖小子成为一猪，既吃粗糠，又当上了生肖。

另一说是猪靠自己的努力当上了生肖。在天宫排生肖那天，玉帝规定必须在某个时辰到达天宫，取首先到达的十二种动物为生肖。猪自知体笨行走慢，便半夜起床赶去排队当生肖。由于路途遥远，障碍也多，猪拼死拼活才爬到南天门，但排生肖的时辰已过。猪苦苦央求，其他六畜也为之求情，最后终于感动了天神，把猪放进南天门，当上了最后一名生肖。这样，马、牛、羊、鸡、狗、猪“六畜”都成了人间的生肖。

晚上9—11时（即“亥时”），这时候猪睡得最酣，发出的鼾声最响亮，全身肌肉抖动得最厉害、长肉最快，于是亥时属猪。

第一则故事告诉我们，即使你有先天的优势，也不能好吃懒做，否则会坐吃山空。第二则故事告诉我们，如果自己有不足的地方，不要放弃，只要比别人付出更多努力，就一定会有回报。

2. 为猪正名

中国人养猪的历史起源于父系氏族、狩猎文明肇始之时，打下的野猪吃不完，便开始了家养的进程。

商周时代人们就发明了阉猪技术。《易经》记载：“豮豕之牙，吉。”意即阉割了的猪，性子就会变得驯顺，虽有犀利的牙，必不足为害。到了汉代，猪由放牧走向了圈养，猪的生存环境愈加恶化，“圂”（读混）字的本义就是厕所，也是养猪的地方。

其实猪是已知圈养动物中最爱干净的，猪能保持其睡窝干燥清爽，会在远离睡窝的固定地点大小便。但是，由于人为因素，加之猪没有汗腺，常在泥浆中打滚以散热，就给人一种脏兮兮的印象。

猪为祭祀六牲中少牢之一种，这足以说明猪在古人心目中的地位——不洁之物是不能敬献给祖宗神灵的。

有科学家研究过，猪的学习能力超过狗，经过短时间训练后，它们能跳舞、打鼓、游泳、直立推小车。古埃及人用猪在耕地里来回走动，在猪脚趾窝里丢种子，这叫“踩踏种植”。法国人则利用猪的嗅觉功能，让猪帮忙搜寻一种长在地底下的黑蘑菇。

中国传统经典阅读

——班本课程

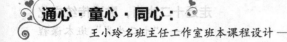

深圳市宝安区天骄小学 陈瑞霞

一、课程设计背景

网络上流传着一句话，健身和读书，是世界上成本最低的升值方式。但这存在一个前提，读者必须拥有一双鉴别好书的慧眼，若同样的时间阅读了糟粕，恐怕是有百害而无一利。那什么书算好书呢？人的生命有限，而有些作品却能穿越无数世纪，始终照彻人类历史的夜空，这些作品就称为经典。

所谓文学经典是那些最能反映人类历史和社会生活丰富图景，反映人类生存的普遍境遇和重大精神命题的作品。博尔赫斯说："经典是一个民族或几个民族长期以来决定阅读的书籍，是世世代代的人出于不同的理由，以先期的热情和神秘的忠诚阅读的书。"

二、学生发展需求

对于天真烂漫的孩子来说，传统经典的阅读，更有利于他们了解中国传统文化精神，接受传统经典的熏陶，以此为基础，有效地促进孩子阅读能力的提升，提高语文素养，发展思维能力和理解能力。因此，传统经典阅读显得尤为重要。

三、课程育人目标

（1）学生学习传统经典之——成语接龙、诗词大会、笠翁对韵、神话传说，能熟读成诵，理解基本大意。

（2）学生通过学习，喜欢中国传统经典，对于传统经典有浓厚的探索兴趣。

（3）学生通过阅读，掌握记诵方法，能逐步学会自主阅读经典的方法。

（4）学生通过对经典的学习，了解中国部分传统文化，对中国传统文化产生浓厚的兴趣，有强烈的阅读欲望，希望阅读更多的中国乃至世界经典。

四、授课时间

周五下午第五、六节，14∶30—16∶05。

五、课程形式

主题学习、小组合作。

六、课程内容

（1）成语接龙（一年级第一学期）。

（2）诗词大会（一年级第二学期、二年级第一学期）。

（3）笠翁对韵（二年级第二学期）。

（4）神话传说（三年级）。

七、教学设计

第一课　成语接龙

【教学目标】

（1）使学生积累丰富的词汇，获得知识。

（2）使学生感悟祖国语言的丰富多彩，激发学习祖国语言的兴趣。

【过程与方法】

引导学生朗读，在朗读中理解、感悟、积累。

【情感态度与价值观】

使学生感受祖国语言文字的魅力，激发学习祖国语言文字的兴趣。

【教学重难点】

使学生积累丰富的词汇，激发学习语言文字的兴趣。

【教学准备】

成语卡片。

【课时安排】

1课时。

【教学过程】

1. 谈话导入

（1）同学们，你们都看过哪些综艺节目？相声看过吗？说说你们的感受吧。

（2）今天我们也要学一段相声：《成语接龙》。

（3）揭示课题。

2. 学生自主学习

（1）学生自读课文，读准字音，读懂词语，读通句子。

（2）感知课文内容。

3. 合作探究

（1）小组内交流，推荐学生代表。

（2）班内由小组代表汇报。

① 多音字

相xiāng xiàng

恶è wù ě

词语理解：

一箭双雕　海阔天空　理屈词穷　不可同日而语　四面楚歌

② 关于文章内容。本文生动地叙述了乙考察甲，和甲一起进行成语接龙的经过，展现了祖国语言文化艺术的神奇魅力。

③ 关于文章主旨。展现祖国语言的丰富多彩，让我们感悟祖国语言文化艺术的神奇魅力。

第一，带数字的成语。

A.“一”字开头的成语：一本正经……一败涂地……

B.“一、十、百、千、万”字开头的成语：一望无际……万马奔腾……

第二，字头接字尾的成语：千变万化、化为乌有……

第三，唱成语歌。

第四，“不”字开头的成语。

④ 我们还有哪些形式来进行成语接龙？

第一，学生小议，准备。

第二，学生交流表演：如军事成语中的“三十六计”成语接龙。

⑤ 关于表演者。词汇丰富，且机智灵活，形神兼备。

第一，（双手挽袖，神气十足）好咧！你可注意啦！

“双手挽袖，神气十足”，从动作、神态两个方面刻画了表演者的胸有成竹。可见他们不但积累了成语，理解了成语，而且能巧妙地运用成语。

第二，“一望无际”“双喜临门”……

这是用“一”至“十”为字头的成语。“双喜临门”中没有“二”，但“双”含“二”的意思，足见表演的灵活。

第三，“不可再来”。

既说成语，又说当时的具体情境，结束相声，巧妙收尾。

总之，表演让我们感受到了祖国语言文化的魅力。

⑥ 我们读后有什么样的启迪？

学好祖国的语言文字，丰富我们的知识。

4. 课堂小结

请同学们用自己的语言好好总结学习的收获吧。

第二课　以《池上》为例的童趣诗主题学习

【教学目标】

（1）使学生诵读古诗，会背古诗，了解诗文大意，体会儿童天真顽皮的童趣。

（2）使学生借助本诗简单拓展相关童趣诗，使学生对童趣诗和古诗产生浓厚的兴趣。

【教学重点】

使学生诵读古诗，会背古诗，了解诗文大意，体会儿童天真顽皮的童趣。

【教学难点】

借助本诗简单拓展相关童趣诗，使学生对童趣诗和古诗产生浓厚的兴趣。

【教学过程设计】

（一）诗词大会激趣，引入新课

诗词大会现在开始，谁来挑战：

（1）根据题目或诗句背诵古诗。

（2）图画猜古诗。

（3）玩转飞花令。接白居易引入课题（简介白居易）。

（二）初读课文，整体感知

（1）学生齐读题目，自由读古诗。要求：读准字音，把诗句读通顺。

（2）思考一下，简单说说你从古诗《池上》中读到了什么，这两首诗分别描写的是哪个季节的小池。（初夏）

（3）自读课文，学习生字。用自己喜欢的方法读古诗，同时从文中圈出生字词。

（4）检查生字的自学情况。

① 出示生字卡片："首、踪、迹、浮、萍"，指名读。注意读准翘舌音"首"，平舌音"踪"。

② 开火车读、小组竞赛读，评出最佳认字小组。

③ 同桌交流，再读古诗，扫除字词障碍。（自读、小组读、分段读）

（三）古诗深析，吟诗炼字，体会意境

1. 小组合作学习，弄懂诗意

（1）学生结合前后句和插图，借助工具书，自己理解诗句含义。

（2）小组内逐句交流自己的理解，互相启发、补充。

（3）集体交流，了解《池上》大意。（指名说自己对诗句的理解）

2.《池上》前两句——小娃偷采莲

（1）学生自由轻声诵读古诗，边读边想象画面。

（2）学生交流"看"到的画面。

① 怎样的荷塘？怎样的白莲？

（学生用自己的话描述想象到的"莲叶何田田"的美好画面，唤起学生对荷花池和娇嫩莲蓬的向往之情）

② 小孩如何偷采白莲的？

第一，学生畅谈自己想象到的小娃偷采白莲图：因太想吃那嫩滑、甜美的莲蓬，而不经大人同意就小心翼翼地偷偷撑船去采池中的莲蓬。

第二，看图，指导学生读出小娃天真、调皮的样子。（让学生为“小娃偷采白莲图”拟个题目）

第三，朗读前两句，思考：你最欣赏其中哪个字？

（“偷”，结合自己小时候“偷偷”做的一些小恶作剧和顽皮之事，和诗中的小娃产生共鸣，体会孩子无邪、可爱、纯真与童年的快乐、无忧、自由）

第四，配乐再次有韵味地诵读前两句诗。

3. 后两句——景美童心纯

（1）提问：小娃偷采白莲不会被发现吗？

（2）学生默读后两句诗，谈理解。（小娃哪里知道，小船一路划开的一道浮萍已经暴露了他的“偷采”之事）

（3）抓住“不解”体会小娃纯真、质朴的形象，练习读出情趣。

（四）抓住童趣，拓展童趣诗

这么一个活泼天真的儿童，你喜欢吗？对于这样以写儿童的乐趣为主题的诗歌，我们一般称为童趣诗，这样的诗还有很多。我们一起读一读。

（1）读《村居》等，说一说诗中的儿童分别在干什么。

（2）你还知道哪些童趣诗？

（3）现代诗也有童趣诗，读一读。

（4）对比阅读：古诗和现代诗，你喜欢哪种？说说理由。

（五）课外作业

（1）搜索并背诵童趣诗。

（2）说一说你还能以什么为主题背诵古诗？找一找，背一背。

第三课　以《赠汪伦》为例的李白诗歌主题学习

【教学目标】

（1）使学生诵读古诗，会背古诗，了解诗文大意，体会李汪之间的友情。

（2）借助本诗简单拓展李白的经典诗歌，使学生对李白和唐诗产生浓厚的兴趣。

【教学重点】

使学生诵读古诗，会背古诗，了解诗文大意，体会李汪之间的友情。

【教学难点】

借助本诗简单拓展李白的经典诗歌，使学生对李白和唐诗产生浓厚的兴趣。

【教学过程设计】

1. 谈话李白

在唐朝，有一位著名的诗人，他喜欢到各处游历，爱喝酒，常常醉后写诗，而且他写的诗有很多都很夸张，令人惊叹，他是谁呢？（板书：李白）

2. 竞猜古诗，走近李白

看来大家很熟悉李白啊，最近每个同学都在努力了解李白。现在老师考一考大家，我出画，你来猜是李白的哪首古诗。

《静夜思》《古朗月行》《夜宿山寺》《黄鹤楼送孟浩然之广陵》

《黄鹤楼送孟浩然之广陵》是李白送给他的好朋友孟浩然的，古人喜欢在分别时以诗相赠。在李白的一生中，有许许多多的分别，这不，今天李白来到桃花潭边送别他的另一位好朋友，他是谁呢？（板书：赠汪伦。齐读，男女生分组比赛读等）

3. 读古诗，悟别情

这是李白送汪伦时的赠别诗，说起这对朋友，还有一段渊源呢！（讲述李汪相逢的故事）

（1）理解感受“踏歌”。踏歌其实是汉唐时比较隆重的民间音乐形式，一般用于节日、庆祝丰收等，汪伦为何会如此隆重地踏歌相送？（板书：踏歌，诗。画小心形。朗读前两句，读出热闹，读出惊喜，读出珍惜）

（2）咱们前面说过，李白写诗喜欢夸张，你认为这首诗哪一句最夸张？

桃花潭水深千尺，不及汪伦送我情。

一尺是多长？那千尺呢？李白拿着尺子丈量过吗？桃花潭水真的有千尺深吗？其实，这种刻意夸大的方式，我们叫它——夸张。一生浪漫的李白特别喜欢运用这种夸张的方式来表达，比如，《望庐山瀑布》《夜宿山寺》。（找小老师领读，简单读，体会夸张的作用）

所以，这里的“桃花潭水深千尺”的意思是（指名说：深得不得了，深不见底，很深很深……），纵使如此夸张，李白却觉得一点也不夸张，因为他说“桃花潭水深千尺，不及汪伦送我情”。（解释“不及”，板书：深千尺、不及。画大心形。体会深情，重点朗读）

4. 再读李白，了解李白

（1）除了汪伦，李白还有很多朋友，如王昌龄——《闻王昌龄左迁龙标遥有此寄》。（小老师领读，简单了解李王友情）

（2）李白的朋友中也有几个是我们非常熟悉的，如杜甫、贺知章。（请孩子们齐背学过的古诗）

5. 写诗配画，表达友情

朋友遍天下的李白在送别时会写赠别诗，汪伦会踏歌相送，也有人会喝酒话别，你一定也有很多的好朋友，一定也有许许多多的分别，请说说你印象最深的一次分别。

把它画下来，可以仿写《赠汪伦》这首古诗哦！两年前，老师告别三（4）班时也曾仿写过一首，给大家做参考。

备注：学习本课前，已经提前让孩子们每天读一读李白的经典诗。

第四课 《笠翁对韵》一东

【教学目标】

（1）使学生简单了解《笠翁对韵》，对韵文感兴趣。

（2）使学生会读会背节选韵文，读出韵味。

（3）使学生了解押韵、韵脚，会简单地对对子，对对联感兴趣。

【教学过程】

1. 故事导入

讲述《纪晓岚巧讽石先生》对联故事。

听了这个故事，你喜欢对联吗？想对对联的话，咱们今天学习的《笠翁对韵》可以帮到你。

2. 读文识韵

充分朗读。（师领读、师生唱和读、生生唱和读、齐读）

同学们读得很有节奏。可别小看这则韵文，它可藏着大学问呢！它首先是一幅幅奇妙的图画，请看屏幕——

天对地，雨对风（图中找风）

山花对海树（了解海树）

赤日对苍穹（关注颜色）

雷隐隐，雾蒙蒙（ABB）

风高秋月白（关注颜色——夜黑风高）

雨霁晚霞红（雨霁：雨停了）

请同学们齐声朗读，读出画面感（相机指导）。

听了同学们的朗读，老师仿佛看到了更多美妙的画面！这如画一般的韵文还藏着一些神话传说呢！请读—

牛女二星河左右。由牛女二星、银河引出神话传说。

看图讲述牛郎织女的故事。

简述参商二星（请学生动手查阅了解神话故事）。

这则韵文不仅有美妙的图画，有趣的神话传说，还藏着很多经典诗歌呢！

十月塞边，飒飒寒霜惊戍旅（戍边诗）

三冬江上，漫漫朔雪冷渔翁（江雪）

3. 学文知韵

读一读，观察对子两边的词语，说说你发现了什么。（字数相等）

读每句的最后一个字，拼读，说说你发现了什么。

拼音相近（押韵，句末这些押韵的字叫韵脚，本文的韵脚以“东”为代表，故取名为“一东”）。

除了韵文中已经出现的这几个字，你还能说几个“东”韵的字吗？（虹、弓、丰、枫、公、工……）

“一东”还有两个小节，请同学们跟老师读一读第二小节，说说哪些字是韵脚。

猜一猜，这两首小诗哪首是一东韵的？找出韵脚。

4. 诵文用韵

尝试背诵第一小节。（挑战一）

听故事，对对联。（挑战二）

第五课　盘古开天地

【教学目标】

（1）学生正确、流利、有感情地朗读课文，做到能复述故事。

（2）学生初步了解神话故事。

（3）学生会认课后生字，正确书写几个生字。

【教学准备】

PPT。

【教学课时】

2课时。

【教学过程】

1. 释题导入

（1）看“开”的甲骨文，学生猜其字及意思。

（2）引导学生了解“开”有开拓、创造的意思。

师：同学们，你们猜一猜，这是什么字？（出示“开”的甲骨文）

生思考。

生：开。

师：你是怎么猜出来的？

生：外部是两扇敞开的大门，内部有个“一”字，代表大门的门闩，下面还有两只手。

师：“开”是个会意字，原来的意思就是开门。用手推开大门，看见整个世界。（板书“开”）

今天我们要学的是“盘古开天地”。（板书，并齐读）

这里的开是什么意思呢？你能在文中找出来吗？（出示P5）请自由读课文，然后从文中找出能够解释它的词语。

找出“分开”“创造”，并板书。学生读出课文最后一段：人类的老祖宗盘古，用他的身体创造了美丽的宇宙。（出示齐读）

过渡：盘古创造了宇宙，之前的宇宙是什么样子的呢？请从课文中找出来，并用“______”画出。

2. 课文学习

（1）学习第一段。

①了解天地原来的样子（宇宙混沌一片）。

②出示这一段，学生先个别读再齐读。

师：有一个词语最能体现当时宇宙的状态，请找出来。

生：混沌一片。

师：有谁知道“混沌一片”是什么样子？（生各抒己见）

师引导学生以日常所见理解。

给出两种解释，让学生选择。

师：盘古是怎样将这混沌一片的东西分开的呢？请从课文中找出来，用“______”画出。

（2）学习一、二、三段。

①学生反馈。

②找出动词。（抡、劈）

比较句子，了解用“抡起、猛劈”的好处，体会盘古开天辟地的不容易，指导朗读。

师：天地突然分开了？

生：不，是渐渐分开。（找出与之相近的词：缓缓、慢慢）

指导朗读“只听一声巨响，混沌一片的东西渐渐分开了”。

③对比句子“轻而清的东西，缓缓上升，变成了天”和“重而浊的东西，慢慢下降，变成了地”，引导学生找出三对反义词和一对近义词。（板书显示：轻——重，清——浊，上升——下降，缓缓——慢慢）

（3）品味学习：双手撑着天，两脚踩着地，站在天地中间。

①出示文段“天地分开以后……每天增高一丈”，齐读文段。

②盘古撑天、踩地多长时间？（不知多少年）朗读文段，感受盘古的累：

一年过去了，他仍然……

十年过去了，他仍然……

一千年过去了，他仍然……

一万年过去了，他仍然……

不知站了多少年……

（4）学习最后一段：变（变成世间万物）。

对比读：出示文言文“左眼为日，右眼为月”，从文段中找出相应的句子。

说一说：理解“……”（省略号），说一说盘古的身躯还创造了什么。（板书：身化万物）

（5）课文复述。

① 学生通读全文。

② 根据连环画和板书，学生合作复述课文。

③ 根据板书，指名让学生复述课文。

师：这么有趣的故事，有的人把它画成了一幅幅画，你们能看着这些画把故事说一遍吗？如果能用上黑板上的这些词就更好了。（两种形式：指四名学生合作复述一个故事；指一名学生复述整个故事）

3. 了解神话故事

（1）了解神话故事的神奇之处。

（2）还知道哪些神话故事？推荐阅读《中外神话故事》。

师：你们讲得太棒了。老师好喜欢这个故事，知道为什么吗？想不想知道？因为这个盘古实在太神了，你们觉得他神在哪里？

生：……

师：我们国家的神话故事里不只盘古这一个神人，你们还知道哪些神话故事？哪些神人？

生：……

4. 拓展阅读

文白对比读。

第六课　女娲补天

【教材解说】

《女娲补天》一课是义务教育课程标准试验教科书三年级下册第八组的一篇精读课文。本单元是以神话故事为主题的一组文章，本单元旨在引导学生通过读生动有趣、想象神奇的神话故事，感受古人丰富的想象力。女娲补天是一篇流传千古的神话故事，引导学生体会女娲救民于水火的精神，感受神话故事的魅力。

【设计理念】

基于三年级学生已有一定的阅读基础，能够读懂神话故事的内容，本课的设计力求拓展学生的阅读视野，为提高学生的文学素养，在教学过程中渗透了文言文和对联，在课后拓展了真情作文中的《精卫填海》，努力为学生打开一道道阅读之门。

【教学目标】

（1）使学生有感情地朗读课文，边读边在头脑中形成画面，受到课文中思想感情的熏陶。

（2）使学生知道女娲为什么要补天及补天的过程，初步感受文言文。

（3）使学生能体会女娲急他人之所急、救民于水火的精神，并对阅读古代神话故事产生兴趣。

【教学重难点】

使学生知道女娲为什么要补天及补天的过程，体会女娲救民于水火的精神。

【教学过程】

1. 复习导入

师：还记得我们学过的神话故事吗？小结神话特点。

2. 对比读

（1）交流为什么补天的段落。

预设：“远远的天空塌下一大块，露出一个黑黑的大窟窿。地被震裂了，出现了一道道深沟。山冈上燃烧着熊熊大火，田野里到处是洪水。许多人被火围困在山顶上，许多人在水里挣扎。”

师：从这段文字中你感受到了什么？

（天破之后的情形，引导学生感受这场灾难带给人类的危险）

①学生朗读，教师相机指导。

②在学生读懂该文段的基础上，出示该段的文言文。对比理解。

（2）交流学习女娲是怎么补天的段落。

①师：女娲决定冒着生命危险，把天补上。她是怎么补天的呢？（提醒学

生尽量用自己的话说）

第一，预设：“天上的大窟窿还在喷火。女娲决定冒着生命危险，把天补上。”

第二，预设：“她忙了几天几夜，找到了红、黄、蓝、白四种颜色的石头，还缺少了一种纯青石。”

第三，“炼了五天五夜，五彩石化成了很稠的液体。”

② 师：你从哪些词语体会到她的艰难？（找出“几天几夜”“五天五夜”，用补白的方式让学生发挥想象力，体会女娲在找石头炼石头时的艰辛。训练学生的语言表达能力）

3. 小结神话特点

想象丰富、奇特。

4. 拓展

（1）《精卫填海》，神话故事拓展阅读。用自己的话讲一讲精卫填海的故事，体会精卫正直和坚持不懈的精神。

（2）补对联：填写四字词语，提高学生对中华文化的兴趣。

（3）推荐阅读：女娲补天是一个流传千古的神话故事，我们都知道神话故事并不是真实存在的，是人们对自然界中无法解释的自然现象加以想象而成的故事。如文中说“人们常常看见天边五彩的云霞，传说那就是女娲补天的地方”。关于女娲补天的故事还有很多个版本，其中有一个版本是说女娲用366块石头补天，只用了365块，剩下的那一块五彩石变成了一块玉，也就是中国四大名著之一《红楼梦》中的贾宝玉出生时嘴里含着的那一块，才有了后来《红楼梦》的故事，所以《红楼梦》又名《石头记》。如果你们有兴趣，可以去看看。

趣味剪纸

——班本课程

深圳市宝安区灵芝小学 赖美芳

一、课程开发背景

剪纸，作为中国民间艺术绚丽的瑰宝，有着悠久的历史，也是世界非物质文化遗产。剪纸以其很强的装饰性、趣味性，显示出独特的生命力，装点了房屋、环境，美化了人民的生活。随着社会的发展，剪纸的应用领域不断扩大，已由过去一般的窗花装饰发展到今天的连环画、邮票、动画、印染、舞美、商标、藏书票等许多方面。剪纸的艺术表现形式亲切、朴素、通俗、美观，蕴藏了我国劳动人民深厚的情感，积淀了华夏几千年的文化，是我国传统哲学、美学、民俗学等多方面的结晶，具有极强的民族特色和生命力，千百年来散发着独特的魅力。剪纸课程是以传统民间剪纸艺术与美学教育的整合为切入点，拓宽传统剪纸审美文化和表现内容，构建适合学生的剪纸活动体系。通过剪纸活动引导学生积极参与文化的传承与交流，开发学生的非智力因素，陶冶情操，提高审美能力和动手能力，促进学生个性发展。

剪纸图示

二、理论依据

苏联著名教育家苏霍姆林斯基曾说："儿童的智慧在他的手指尖上。"我国著名儿童教育家陈鹤琴先生也说过："小孩子应有剪纸的机会。"他认为剪纸有两方面的好处：一是可以养成独自消遣的好习惯，二是可以练习手劲。剪纸对培养学生的专注力、思维能力、动手能力、审美能力有很大的作用。

认知发展理论认为儿童的智力发展从感知、动作开始，在活动中感知动作逐渐内化，构成直觉思维、具体思维，最后达到逻辑思维。

《义务教育指导纲要》指出幼儿艺术教育的目标为：能初步感受并喜欢环境、生活和艺术中的美；喜欢参加艺术活动，并大胆地表现自己的情感和体验；能用自己喜欢的方式进行艺术表现活动。教育所探求的是如何让孩子在艺术氛围中去感受艺术带来的愉悦性、感官冲击、美感体验和对人格的升华作用，从而使孩子喜欢艺术、乐于表现。剪纸倡导的是"在玩中学，在学中玩"，这种充满趣味性的活动形式，能促进学生艺术的感知与欣赏能力、艺术表现与创作能力，形成基本的美学素养。

向日葵和枫叶，觉不觉得枫叶像我们的小手掌

三、教学目标

（1）使学生认识剪纸艺术，激发学生学习剪纸的兴趣，了解剪纸的制作工具与材料。

（2）使学生掌握剪纸的制作方法，运用剪、刻、镂空等技巧完成剪纸作品。

（3）培养学生对生活的观察能力、造型能力及动手动脑能力，学会剪制生活中自己熟悉的事物。

可爱的小花，树叶的脉络清晰可见

四、学情分析

学生以前没有专门上过剪纸课，对剪纸只有初步的认识，对剪纸方法和技巧也了解甚少。大部分同学对剪纸非常有兴趣，也有些学生胆子小不敢动手，担心自己剪不好。所以在最初的几堂课中将专门讲一讲有关剪纸的一些基本知识，从一些简单的图案开始剪起，让学生对剪纸感兴趣，并慢慢提高难度。

小绵羊和米奇成了好朋友

五、教学措施

（1）启发式教学：利用多媒体教学，让孩子们多欣赏优秀的剪纸作品，激发其兴趣。

（2）自主发现法：引导学生观察，大胆尝试，有利于培养学生的观察力和创造力。

（3）游戏贯穿法：创设一些情境，通过游戏的方式达到教学目的，充分调动学生互相学习的积极性，可以以面带点地学习，让学生在愉快的氛围中掌握剪纸技巧。

（4）合作探究法：在教学中发现问题，先启发学生合作探索解决问题，这样既培养了学生的动手操作能力，又培养了学生的动脑思考能力，让学生有一种成就感。

（5）归类变化法：引导学生探索发现同一系列剪法的折叠规律，鼓励学生根据自己的想象，大胆创造出新的图案，激发学生的创造力和感受美、表现美的情趣。

（6）多元评价法：对学生剪纸作品的审美特征、创意及在活动中的综合表现开展多元评价，及时鼓励，优秀作品在班级文化墙上进行展示。

小猫翘起了尾巴，兔子给我们一个大大的拥抱

六、教学设计

第一课　走近剪纸

【教学目标】

（1）欣赏剪纸作品，使学生认识民间剪纸艺术和中国民间剪纸的特点。

（2）唤起学生对民间剪纸艺术的热爱，培养学生的创造性思维和动手能力，培养热爱祖国文化的情感，激发民族自豪感。

【教学过程】

1. 出示图片

请学生欣赏剪纸作品，欣赏的同时请讨论剪纸的题材种类。

（1）贴在窗户上——窗花。

（2）贴在门上——门笺。

（3）用于喜庆——喜花。

（4）用于祭祀——祭纸。

结合剪纸作品，教师讲：剪纸是我国传统的民间艺术，历史悠久。大体上分为南北两大流派：北方剪纸粗犷朴拙，天真浑厚；江南剪纸精巧秀丽，玲珑剔透。其中，江南剪纸中数南京剪纸最有特点。南京剪纸除门笺是刀刻的，多数用剪刀剪成。艺人们以剪代笔，无须底稿，手随心运，犹如一笔画，连绵不断，一气呵成。造型以弧线为主，流畅优美，柔中见刚，作品具有韵律感、节奏感和浓厚的装饰趣味。

2. 总结特点

教师出示南方的南京剪纸和北方的陕北剪纸。

（1）象征吉祥的团花。

（2）表达老百姓日常生活的剪纸——风俗剪纸。

（3）北京奥运会福娃剪纸。

比一比：有什么不同和相同点？分小组讨论。

教师总结：相同点：纹样相聚，造型生动。

不同点：陕北剪纸粗朴豪放、单纯，南京剪纸华丽、工整。

总之，我国的民间剪纸艺术有以下几个特点：

简练概括，夸张传神；

善用比喻，寓意谐音；

构思大胆，幽默取巧；

富于装饰，印物赋形。

3. 比较欣赏

教师出示有特点的两幅作品，让同学们比较欣赏。

窗花：寓示吉祥、喜庆

第二课　奇妙的剪纸

【教学目标】

（1）学生学会剪纸的基本技法表现作品，培养学生的创造性思维能力和动手能力。

（2）使学生养成主动探究的习惯，形成问题意识，发展探究能力和创新能力。

【教学过程】

1. 出示图片，研究方法

同学们，仔细观察，这幅剪纸作品是如何完成的。

（1）引导学生知晓是将纸张对折，画出蝴蝶轮廓，添加几个剪纸符号剪出来的。

（2）老师拿一张六折的纸，学生观察有哪些剪纸符号。你们看，老师开始剪了。将剪好的作品贴在黑板上，老师手上还有一张六折的纸，画上不同的图案，你们看，剪出来就是这样的。相同的折法，不同的画法，剪出的图案一样吗？那不同的折法，相同的画法呢？这是一张三折的纸，你们看，剪出的图案也不同。对了，这就是剪纸的奇妙之处。（板书：奇妙的）

2. 动手操作，比一比

让学生准备好剪刀和纸，在10分钟内完成，提醒学生使用剪刀时的注意事项。

（1）全班交流。

（2）启发：为什么他的作品能如此漂亮呢，能告诉大家在剪的过程中需要注意些什么吗？（关注点：对折的整齐度、图案的美观、线条的流畅等）

（3）根据学生的回答总结，并板书：

想象要丰富；
对折要整齐；
画样要美观；
用剪要准确。

栩栩如生的小金鱼

◆·第三课　对称图形·◆

【教学目标】

（1）使学生感受剪纸与轴对称的密切关系，进一步发展空间观念，积累活动经验。

（2）使学生领悟图案的设计思路，思考折纸方法，发展创新意识和潜力。

（3）学生通过与他人合作、交流，欣赏剪纸作品，给作品命名，获得美的享受。

【教学过程】

1. 图片欣赏，发现规律

（1）认识对称形。

① 出示花瓶实物。同学们，你们仔细看看花瓶的造型有什么特点？左右两

边的样貌相同。（花瓶两边包括耳朵的形状、大小都相同）

② 课件出示对折剪的图形。同学们，这件衣服左右两边的样貌相同吗？（衣身、衣袖的样貌、大小完全一样）用同样的方法了解蜻蜓、螃蟹、虾等图形，你发现这些图形都有什么共同特点呢？能用什么方法来制作？

教师总结：物体如果从中间折起来，左右两边能完全重合，甚至颜色、斑点、花纹等也都完全一样，这样的物体或图形，我们就能用对折剪的方法来制作。这些对称的物体结构完美，造型好看。

（2）说说生活中能够对折剪的物体。

请同学们找一找，在我们身边，你还发现了哪些物体，它们的哪些部分是一样的？

2. 实践探究，学习技法

（1）同学们找到了许多用对折剪的方法剪出的图形，请同学们先试着剪出苹果造型，注意只要剪出外形就可以了。比一比谁最快剪好。

（2）技法指导。

总结剪纸的具体方法，步骤如下：

第一步，折。对称、连续，三折、四折、五折等。

第二步，画。在纸上画出自己设计的图案。

第三步，剪。把图形外的部分剪掉。

第四步，贴。将该去掉的部分去掉，然后展开贴上。

3. 发挥创意，练习剪纸

同学们已经发现了规律，都懂得先将纸张对折，剪出半个图形后，将纸打开会出现奇妙的图案。再试试，你还能用对折剪的方法剪出什么图案，并将剪好的图案贴在纸上。

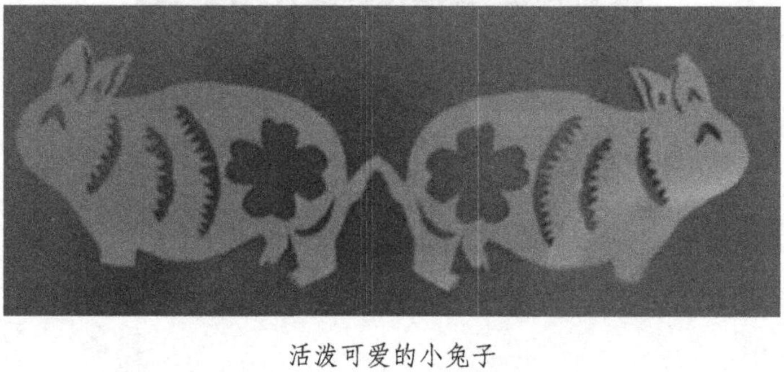

活泼可爱的小兔子

“微雨后，薄翅腻烟光。才伴游蜂来小院，
又随飞絮过东墙。长是为花忙。”

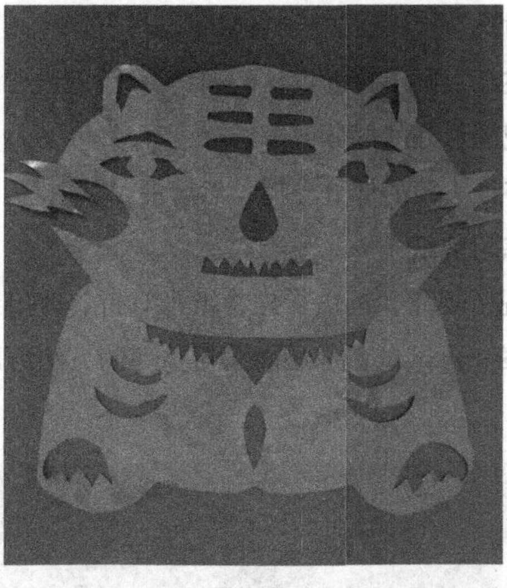

看到头上的“王”字，猜到我是谁了吗

班级童话

——班本课程

深圳市宝安区灵芝小学 李巧云

儿童的世界应该是快乐的、童真的、充满想象的，为了守护孩子的童年，守护他们的想象，守护那一份份萌芽在钢筋水泥里的浪漫情怀，笔者以童话为载体，形成合乎儿童成长的班级文化，以文化润泽生命，希望能让他们一直活泼而纯真、聪慧而优雅。

一、诞生

我的名字叫巧云，所以，我建立了一个白云王国的童话班级。我希望他们有万里无云般的广阔胸襟，有疾风骤雨的魄力，更有温柔善良的本质。

在开学初，我们第一次见面时，他们便给我留下了独一无二的印象，有的孩子像白兔般温柔，有的孩子像猴子般活泼，有的孩子像小猪般可爱，有的孩子如梅花鹿般漂亮，也有的孩子像鹦鹉一样叽叽喳喳说个不停……他们的活泼可爱、调皮捣蛋，让我情不自禁地想起森林里形形色色的小动物，这种一闪而过的想法，让我更大胆地想要陪伴他们走一段有趣的旅行。

于是，在2016年9月的第一次班会课上，我们的白云王国便诞生了。我告诉孩子们他们给我的最初印象，也很好奇地问他们对我的印象是什么。有的孩子说，我像白云王国的国王带领着他们去学习；有的说我像月亮姐姐，因为我总会给他们讲有趣故事；还有的说我像王后，因为我长得跟王后一样漂亮……最后，我们经过讨论，决定由我担任国王一职。就这样，我们白云王国的故事便开始了。

二、连接

雅斯贝尔斯在《什么是教育》中强调："所有外在强迫都不具有教育作用，相反，对学生精神伤害极大。只有导向教育的自我强迫，才会对教育产生效用。"因此，我在班级管理中，用有趣的童话诱发孩子们的兴趣，借童话中的德育智慧来教育孩子，并尝试建立一个具有童话特色的班集体；借童话故事，激发孩子对真善美的追求；借童话角色，让孩子们参与班级日常事务管理，促进他们健康向上地发展。

1. 像松毛虫一样排队行进

现象：让一年级的孩子排好队，真的比登天还难，五十多个孩子，一位老师，每当你喊"向前看"的口号时，绝大部分孩子能像军人一样摆正头颅，但只要两秒，就会有小朋友开始动了，有的东张西望，有的跟前面的同学聊天，有的像树懒一样抱在一起；行进的队伍更是歪七扭八，有的甚至是三三两两地掉队玩耍。

活动：像松毛虫一样排队行进。

目的：帮助孩子们快速有序地排队。

教具：绘本：竹下文子著的《排队啦，排队啦》，法布尔的《昆虫记》，两个贴有大毛虫图片的头套，两个贴有老鹰图片的头套，秒表一个，哨子一个。

步骤：

（1）在班会课的时候，投影给孩子们看绘本《排队啦，排队啦》，问同学们：你看到了什么？大家在排队的时候，表情是什么样的呢？有几个人呢？读完绘本后，在每天的日常生活中寻找"排队"的现象。

（2）讲《昆虫记》里《松毛虫的行进行列》一篇，给孩子们科普松毛虫为什么要排队行进、是靠什么排成一队的。

（3）活动体验：选择两个孩子做大松毛虫，两个孩子做老鹰，并戴上头套，其余的孩子就做小松毛虫，小毛虫必须跟着大毛虫，沿着"丝路"走，只要一掉队，偏离路线，老鹰就会扑上去，把它抓出来。

（4）这个体验活动可以重复，并挑战后面毛虫出行的效果要比前面的出行更快、更静、更齐（用秒表计时）。行进时，还可配上体育老师"1——2——1"的口号。

（5）为了让孩子们整齐地整理衣着、队伍，给他们编了一个口号（其间可配上动作，节奏）。

师：眼睛要

生：向前看

师：声音要

生：洪亮

师：衣服要

生：束在裤子里

师：就像一个

生：老板

师：队列要

生：排直

师：今天是

生：毫不松懈的一天

2. 不学狐狸打小报告

现象：班主任工作中，有一项特别平凡而琐碎的内容，就是解决孩子们向你打的小报告。你是否有这样的经历，每到下课，你想休息一下时，总会有孩子急匆匆地跑到办公室向你打小报告。事后，他们会流露出一种“待会儿有好戏看”的表情。

记得有一天，我在班级走廊的展墙上布置班级文化，孩子们上完体育课回来，看见我，就一个个跑到我面前跟我说：“老师，CC带钱来学校……”然后在旁边幸灾乐祸地等着。等CC回来，我便招呼他过来，我还没有说话，他便气势汹汹地说：“我没有呀！”据我了解，CC同学情绪那么激动的原因，因为好几个同学在他面前用手点着他说：“我要报告老师，你带钱了。”

活动：不学狐狸打小报告。

目的：帮助孩子认识打小报告是不正确的，让孩子们学会学习别人的长处，宽容别人的过失。

教具：绘本《爱打小报告》，童话故事《爱打小报告的狐狸》。

步骤：

（1）先给孩子们读《爱打小报告的狐狸》，问孩子们：“你们喜欢这只狐狸吗？为什么？”

（2）电脑投映绘本《爱打小报告》，问：“大家都不愿意跟乔希玩的理由是什么？妈妈怎么说的？为什么乔希没打小报告了，还会长出打小报告的舌头？小王子指的规则是什么？”

（3）用生活例子理解四个规则：

①当一名危险提醒者——如果一个人或动物处于危险之中，你必须提醒他。

② 当一名解决问题的能手——如果问题与你有关，要负起责任，首先努力解决问题。

③ 现在说还是以后说——问题在于是“现在的问题”还是“以后的问题”。你的问题能以后解决就以后再解决。

④ 少管闲事——如果问题没有危险，不需要你去解决，就不用打小报告！

（说明：这个环节并不是只讨论一次，如果孩子们遇到同样的问题，可以随时拿出来，问：孩子你刚才的问题可以用哪个规则解决呢？如果学生比较难理解，老师也可以在课堂上多带着孩子们分析几次。）

（4）角色扮演。为了让孩子们更深刻地体会，我们可以让孩子们把刚才打小报告的事情再演一次，让其他同学体验被指点的感觉是怎样的，我们也可以继续扮演，以怎样的方法去提醒别人，更能让他们接受。

3. 与美羊羊一起发现别人的闪光点

现象：班里有个孩子，与其他同学有点不太一样，因为他自小就戴着一副眼镜，所以，他总是遭到同学的嘲笑。他很自卑，并总是抱怨和责怪妈妈把他生得与别人不一样。后来，当别人不理解他时，他就用暴力解决问题。平时上课，在他喜欢的老师面前，则认真积极，但在他不那么信服的老师面前，则喜欢开小差。面对老师的批评，那更是爱理不理。

其实这是一个缺爱的孩子，他先天的弱视，让他从小戴眼镜，以前经常遭到小伙伴的嘲笑，所以，导致他特别在意别人的眼光，也喜欢表现自己，让老师关注。

活动：与美羊羊一起发现别人的闪光点。

目的：俗话说：“解铃还须系铃人。”这个孩子之所以在意别人的眼光，是因为他曾经受到别人的嘲笑，所以，此活动是为了改变班里的舆论导向，让孩子们学会欣赏别人的优点。

教具：记事贴，笔。

步骤：

（1）故事回顾：《喜羊羊和灰太狼》里的美羊羊，善良又可爱，她得到全村羊儿的喜爱，这很大一部分原因是她乐于助人，从不说别人的坏话。

（2）设置情境，让孩子们体验感受。

① 情境：老师在课堂上讲了一个有趣的故事，同学们积极踊跃地想要表达自己的想法，纷纷举手。有一个同学在别人回答时按捺不住自己，在座位上大声地说起来。接下来，老师会怎么做呢？

② 如果你是那个同学，你最想看到老师怎么做？最不想看到老师怎么做？把这两个观点分别写在记事贴的两面。

③ 把班里的同学分成两组，两两对应，一组同学扮演打乱课堂的孩子，另一组同学扮演老师，拿着扮演打扰课堂的孩子的记事贴，分别对他做他最想和最不想老师做的行为。然后再互换体验一次。

④ 讨论交流：当老师直接批评你的时候是什么感受？当老师明知你的问题，但是耐心地劝导你或肯定你的时候，是什么感受？你们更喜欢哪一个？

⑤ 讨论总结：鼓励能使他人进步，他人更愿意去纠正错误，接纳式的建议更容易让人接受。所以，我们不要批评、嘲笑别人。

4. 做一朵会管理情绪的小白云

现象：班里有个孩子脾气特别大，总是不能管理好自己的情绪，经常与同学发生矛盾，弄得大家都不愿意和他坐同桌，玩耍组队的时候，也不喜欢跟他一队。

活动：学会情绪管理。

目的：帮助学生看到粗鲁的行为和话语所造成的结果，意识到伤害可以得到好转，但无法完全修复。

教具：一块橡皮，数根数学小棒。

步骤：

（1）在橡皮上画上一个人的模样，并给它取一个名字，叫白云。

（2）让学生说一些伤害过他们情感的话语或行为的例子，每当有人说出一种话语或行为时，就把小棒插在橡皮上，直到橡皮被插满。

（3）询问学生：你认为白云是什么感受？

（4）问学生有什么办法可以改善这种情况。每当学生给出一个鼓励的例子时，就拔掉一根小棒，直到全部拔掉。你在橡皮上看见了什么？

（5）讨论总结：就算有鼓励，但橡皮上仍会留下很多窟窿，每一根拔掉的小棒都会在橡皮上留下一个窟窿，就像在橡皮上留下一个伤口，这伤口是永远也无法弥补的。为人处世也是一样，与人生气或吵架，不管对谁都没有好处，伤害的是双方。

5. 白云王国的班干部

现象：我们传统的班干部制度是由老师任命一些优秀的孩子，任期基本上是一年，只要他们表现优秀，工作得力，就会一直任命下去。

但你会发现，其实很多孩子，特别是低年段的孩子是非常期待做班干部的。有时上课时，你临时需要一个教具，叫班上的同学去拿，你会看见绝大部分孩子都会踊跃举手，争取这个帮老师干活的机会，他们有的规规矩矩、端端正正地举手；有的把手高高举过头顶；有的甚至直接站起来；更甚者，直接冲到你面前，跟老师说：让我去吧。

活动：制定白云王国的班干部轮换制。

目的：让每一个白云王国的孩子都能得到一个适合自己成长锻炼的舞台，让他们凝聚在一起，争当白云王国的主人，团结协作地管理班级，形成团结友爱、积极上进的班风。

教具：每人准备一个盘子，一杯沙子，一瓶水。

步骤：

（1）体验导入：让孩子们将准备好的盘子放在桌上，然后用手尽可能多地抓沙子，说出感受。不管你用再大的力，沙子都会漏出来一些。再让他们倒一些水到沙子中，能凝固即可，再试着抓沙子，这时候又发现了什么？沙子能凝固起来，不会有细沙漏出来。

（2）类比：其实我们班的同学就像一粒粒沙子，如果我们没有一股凝聚力，不管我这个国王怎么努力，都没法把你们全部握在手心，但是如果大家能够团结一致，一心为白云王国的未来出谋划策，我们之间就会形成一股无形的凝聚力，就像那水一样，把我们凝结在一起，谁也不会掉队。

（3）与白云王国的成员一同参照少先队干部要求拟定我们的分级管理制的《班干部岗位及职责表》。

班干部岗位及职责表①

级别	岗位	职责
一级管理	班长	（1）每周主持召开一次班委会。 （2）及时处理同学间的矛盾纠纷。 （3）了解同学们的思想动态，及时向班主任汇报。 （4）根据考核细则，汇总其他班干部的自评卷。
	副班长	（1）协助班长，与班长有同等的职责，特别是班长不在的情况下全权代理班长工作。 （2）每天向老师报告出勤情况，及时向班主任汇报同学的作息纪律。
二级管理	学习委员	（1）协调并监督课代表工作，及时检查全班同学作业完成情况并做好记录。 （2）主动帮助班上同学的学习。 （3）及时向老师领取粉笔。
	宣传委员	（1）及时出黑板报，负责班级文化墙的更新与修缮。 （2）负责班级刊物的订购与发放。 （3）宣传班级好人好事。
	卫生委员	（1）组织好班级的卫生清扫工作，并做好经常性监督检查。 （2）每天上午公布当天的值日生，并监督值日生快速、有效完成值日。
	安全委员	（1）监督同学们下课不追逐打闹、不做危险游戏。 （2）及时疏导同学们之间的矛盾，严重事件要及时向老师汇报。 （3）检查班级安全情况，监督同学不带危险器具进校。
	体育委员	（1）组织同学们积极参加校内体育活动。 （2）课间操、体育课、集会等活动时，及时调整队形。
	文娱委员	（1）组织好各类文体活动。 （2）协助班长搞好艺术节等传统文化节日活动。
二级管理	生活委员	（1）定期检查同学的个人卫生（如指甲、头发等），如有同学生病及时报告班主任。 （2）管理好班级公共财物。
三级管理	课代表	（1）课前及时领发作业本，协助老师送教具进教室。 （2）了解同学们的作业完成情况，并及时反馈给老师。
	小组长	（1）督促小组同学做好课前准备。 （2）及时收发小组同学的作业，并做好记录，向课代表反映。

①《班干部轮换制》引用王先平先生的《小学班干部轮换制度研究》。

为了让孩子们得到更多锻炼的机会，充分发挥民主的作用，白云王国同时实行“分级管理制”和“班干部职责轮换制”。

分级管理制：

一级管理：白云王国的贵族，负责王国里各工作的监督总结。

二级管理：白云王国的骑士，责任在手，分管王国的学习、纪律、卫生等事宜。

三级管理：白云王国的子爵，负责各项小范围的工作，如“小组长”“灯长”“门长”“窗长”，可以根据具体情况，把工作分配到个人。

班干部职责轮换制：

将班级的同学分为两个队伍，已分配的每套班子，在践行班干部轮换制时，都要经过以下程序（每套班子在岗期限为4～5周，一个学期可以轮换4次）。

（1）自主分工：每套班子上任后，立即成立班委会，根据成员的特长、兴趣等以个人自报、集体协商的方式自主分配班干部职位，这样可以扬长避短，还可以锻炼学生的沟通、协商能力。

（2）就职演说：每一轮班干部在分配好各自的职位后，就要进行“就职演说”，然后班主任要授予他们相应的班干部标志。可以是任该职位的原因，也可以是就职后对班上的规划，还可以是要求同学们在其就职过程中需要配合的事宜。

（3）中期评价：班干部在上任两周后要进行中期评价，采取自评和他评的方式，这一环节是为了让班干部及时总结自己的工作，以便更好地开展后续工作。如果有同学担任班干部两周后仍一头雾水，厘不清头绪，这时就需要班主任及时点拨。

（4）离职演说：即任期内的心得体会，可以是自己在该职位上的一些经验教训，也可以是其间的一些小遗憾。比如，有学生在担任班干部后说：“原来当班干部这么辛苦，以后要多服从班干部管理，不能老跟他们对着干。”

（5）监督委员会：孟德斯鸠说过：“权力一旦失去监督，就会产生腐败。”班干部的权力虽然不大，但若失去监督，同样会出现问题。为了保证班干部轮换制能顺利进行、杜绝不良作风，班上民主选举出5名威望较高的同学，组成监督委员会，实施监督，若发现问题，及时上报给班主任。

每一轮班委会任期结束后，要完成《班干部评价细则表》（见下表）：

班干部评价细则表

指标	考核内容	分值	自评	他评	班主任评价	备注
德	以身作则，能起先锋模范作用					
	具有强烈的责任感和集体荣誉感					
	具有为班级、同学服务的无私奉献精神					
	敢于与不良现象做斗争					
能	能处理班级事务，将班级管理得井然有序					
	能够处理、解决各种关系和矛盾					
	能很好地完成老师布置的任务					
勤	做事积极主动					
绩	任期内为班级做贡献					
协作精神	团结其他班委，积极配合其他班委的工作					

6. 角色扮演，从心认识

角色扮演，按照吉莲·波特·拉杜斯的说法，角色扮演是一种语言学习课程中能够激发乐趣、创造欢笑的教学技巧。因为“扮演”本身就意味着学生在安全的环境中尽可能创造性地、游戏性地担任某一角色。

这里强调的班会课中的角色扮演并不是局限的教学方法，按照课文的内容进行表演背诵对话，而是广义的，根据一定的角色、情境、目的而重现、创造性地再现，让扮演者尽可能地像特定情境中的角色人物那样去思考、反应和行动，从而增强学生的换位思考能力。

在传统的班主任工作中，我们老师总是处于一种领导、强权的角色，常用说教的方式教育孩子，尽管我们苦口婆心、语重心长地教导，却很难得到孩子的共鸣，特别是对低年级的孩子，他们对你滔滔不绝的大道理不是置若罔闻，就是一脸茫然，你根本走不进他们的情感世界。没有情感的共鸣，又何来教育成效呢？

我们发现，一味地说教，对孩子的问题治标不治本。若想让问题得到彻底解决，就要让其认知和行为达到一致。所以，我在班级德育教育上更多的是使用体验式的角色扮演，让学生去体会、感知。很多时候，孩子并没有意识到自己的一些行为有失偏颇，总觉得自己没有错。比如，当他不小心被别人撞到时，他便条件反射地重重地打回去；当他不小心碰倒他人东西，又被当事人指责时，便怒气冲冲地喊："我没有，哪只眼睛看到了。"……这样因小事而争吵的例子数不胜数。所以，用角色扮演，可以还原当时的情景，让他们站在他人的角度去想问题，增进对问题理解的机会，还能让学生在头脑风暴时想出更多的办法。

活动：角色扮演

步骤：

（1）当遇到一些比较典型的纠纷、问题时，可以进行角色扮演。

（2）在开始扮演前，先告诉学生角色扮演的两个秘密准则，一是要夸张，二是要好玩。

（3）邀请学生帮助设计角色扮演的情形，要一起想象足够详细的故事情节，以便每个孩子都知道如何扮演不同的角色。为了让学生想出更多细节，老师需要问这样一些问题：发生了什么？然后发生了什么事？遇到问题的这个人做了什么？其他人做了什么？每个人都说了什么？其他人都说了什么和做了什么？

（4）根据上面的描述，再仔细检查一下每个角色的台词及要表演的动作。让那些在现实生活中有问题的学生（如骂人的学生）扮演相反的角色，让他们体验对方的处境，即感同身受地体验。

（5）角色扮演后，让扮演者从自己扮演的角色出发，谈谈感受，从中学到了什么，决定怎么做。

（6）同时，大家一起头脑风暴，在有限的时间内尽可能多地想出解决办法。想想这件事情的解决办法是什么，以后遇到同样的事情可以怎样处理，怎么防止这种事情再发生。

三、总结

苏霍姆林斯基在《育人三部曲》中说："童话与美是分不开的，并有助于美感的培育，借助童话，孩子不仅用智力，也用心灵认识世界。"以童话为媒介，建设有童话特色的班级集体，开展童话特色的育人活动，不仅增强了班集体的凝聚力，更提高了孩子们自我教育的能力，提升了道德认知水平，培养了他们的自信心和积极向上的性格。童心离不开童话的孵化，让我们为孩子打造一个属于他们的快乐的童话王国，让童心在这儿飞扬！

四、拓展

在我们白云王国的童话教育里，除了以童话为载体，我还补充了二十四节气的体验过程，让孩子们在传统文化的故事里，在大自然的探索里，在传统习俗的趣味体验里，加深他们彼此的关联，让他们成为密不可分的一家人。下面将拓展一些我们二十四节气的体验课程。

立春

时间：______年______月______日　　天气：______

【教学过程】

（一）知立春

立春，又叫“打春”。时间为2月3—5日，“立”是“开始”的意思，自秦代以来，中国就一直以立春作为孟春时节的开始。正所谓“一年之计在于春”。而在自然界、在人们的心目中，春是温暖，鸟语花香；春是生长，耕耘播种。“从此雪消风自软，梅花合让柳条新。”此时节虽然寒意犹在，但“百草回芽”已不可阻挡。

（二）观立春

立春三候

一候，东风解冻；二候，蛰虫始振；三候，鱼陟负冰。

1. 立春之植物的变化

“立春一日，百草回芽，水暖三分。”细细闻，会嗅到夜晚的空气中有一股淡淡的清新的香甜气味，让你神清气爽。请用你的眼睛去观察，用鼻子去闻，用手去触摸，去发现植物发生了什么变化。

你是否看到柳条上探出头来的芽苞，泥土中跃跃欲出的小草，等待“春风吹又生”？

2. 立春之蛰虫始振

“忽如一夜春风来，千树万树梨花开。”春风不仅吹醒了地面上的花花草草，也吹醒了藏在地下冬眠的小动物。立春的暖意渗入土层，让它们原本僵硬的身体变得柔软，在你看不见的地方，它们会时不时地扭动身体呢。

（三）诵立春

立春

左河水

东风带雨逐西风，大地阳和暖气生。
万物苏萌山水醒，农家岁首又谋耕。

（四）玩立春

小资料：

“立春”不仅是个重要节气，也是重要的民俗节日，为了迎春，中国民间在这一天有“咬春”“鞭春”等民俗活动。“鞭春”，又称“鞭春牛”“祭春牛”“打春牛”，就是用泥土捏一个象征农事的耕牛，肚子里塞上五谷，当牛被打烂时，五谷就流了出来。这一习俗体现了古人对春天、对农业的重视，表达了对农业丰收的祈盼，也寄托了先民对人勤春早的信心与向往。

让我们体验一回民间“打春牛”。用橡皮泥捏制春牛，边打春牛边喊：一打“风调雨顺”；二打“国泰民安”；三打“五谷丰登”等吉祥话语。

用照片记录你的美好瞬间

惊蛰

时间：______年______月______日　天气：______

【教学过程】

（一）知惊蛰

惊蛰，古时候最早叫作“启蛰”，后来到汉朝的时候为了避汉景帝刘启的讳而改为惊蛰，唐朝的时候曾有短暂的恢复，然后就以惊蛰的名字一直沿用至今。时间为3月5—6日，惊是惊醒，蛰是藏的意思，“惊蛰”就是春雷把藏在地下冬眠的动物惊醒。春雷是惊蛰节气中最有代表性的自然现象。古人在这一天以各种形式祭拜“雷公”，祈求平安。

（二）观惊蛰

1. 惊蛰之植物的醒来

春雷一响，有些植物开始抽出新芽，有些植物开始绽放花苞，也有的在一夜之间黄了叶。深圳的三月，花开似海，花香飘散各地，请你到大自然中认识一些花儿，记住它们的名字和颜色，并拍成照片进行记录。

2. 惊蛰之昆虫的醒来

春天苏醒的不止植物，还有蛰伏在泥土中的昆虫。随着惊蛰春雷响，它们纷纷从睡梦中醒来，此时过冬的虫卵也开始孵化了。悄悄走近它们，听老师说说它们的独门绝技。

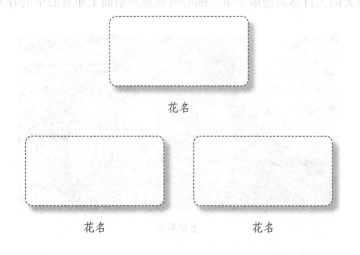

花名

花名　　　　花名

3. 惊蛰之动物的醒来

在这个春意盎然的时节，走出家门，寻找春天。用你们纯净的眼睛去观察，用稚嫩的小手去书写自己的发现：都有哪些动物醒来了？它们都在干什么？可以试着把它写成诗歌哦。

例：

那里有一片小树林，
我左望右望，
终于发现了许许多多的小麻雀，
有的在唱歌，
有的在跳舞，
有的在地上捕捉虫子，
还有的在树上嬉戏。

（三）诵惊蛰

仲春遘时雨（节选）

魏晋·陶渊明

仲春遘时雨，始雷发东隅。
众蛰各潜骇，草木纵横舒。

（四）绘惊蛰——大自然团扇贴画

把春天的大自然装进扇子里，随心所欲地在扇面上布置心中的春天吧。

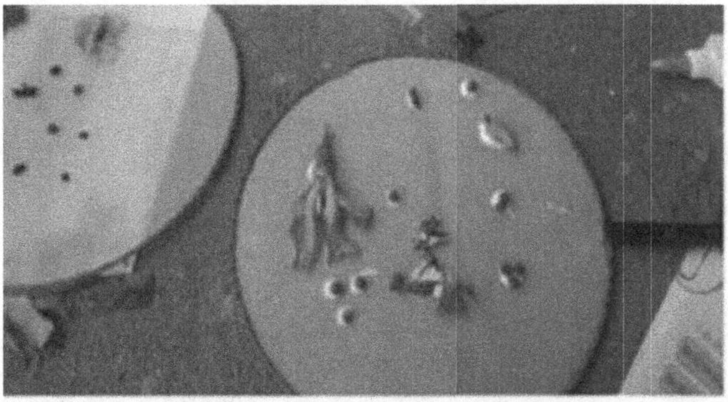

团扇贴画

用照片记录你的美好瞬间

春 分

时间：______年______月______日　　天气：______

【教学过程】

（一）话春分

今天路过公园，看到两个小孩在飘着柳絮的大树下玩起“竖蛋”游戏。我打开手机一看，原来今天是春分。俗话说：“春分到，蛋儿俏。”每逢春分，人们会选择一个光滑匀称的新鲜鸡蛋，轻手轻脚地在桌子上把它竖起来，以此庆贺春天的来临。这个习俗也传到国外，成为“世界游戏”。

（二）知春分

春分是一年中最美的时节。水波荡漾，春风盈袖，连阳光都带着氤氲的味道。时间为3月20—21日。这一天，太阳直射在赤道上，所以南北半球的白天和夜晚时间一样长。因此就有了“春分秋分，昼夜平分”的说法。这也是为什么会流行“春分竖蛋”的习俗，人们认为这一天南北半球的太阳引力相对均衡，更容易把蛋立起来。其实，这并不完全科学哦。

（三）观春分

春分三候

一候，玄鸟至；二候，雷乃发声；三候，始电。

1. 感受温度变化

春雷带来春雨，“一场春雨一场暖”，春分是“暖”的信号。春分之前，杨柳虽然已经青绿，但仍然带着寒意。到了春分，便换成了和煦的春风，天气一天暖似一天。

巧用天气预报，制作春分日前后一个星期的最高气温的折线统计图，用数据了解春分前后的气温变化。

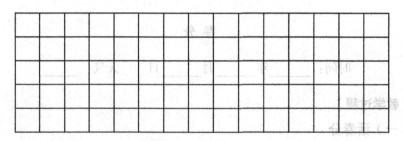

制作最高气温的折线统计图

2. 燕归来

天气变暖，神鸟燕子给北方的人们带来春的消息，它们此时正在屋檐下呢呢喃喃，裁一段春色在小院。

3. 春耕

“九九加一九，耕牛遍地走。”春天里人们忙着春耕，小麦已经开始拔节了。

（四）诵春风

春分日

宋·徐铉

仲春初四日，春色正中分。

绿野徘徊月，晴天断续云。

燕飞犹个个，花落已纷纷。

思妇高楼晚，歌声不可闻。

（五）玩转春分

春风和煦，草长莺飞，此时正是放风筝的好时候。风筝又叫“纸鸢”，它源于古代中国，至今已有两千多年历史。

你可以试一试，自己动手制作一个风筝，让它带上你的祝福，翱翔于天际。

用照片记录你的幸福鸟，你的美好瞬间

化学之美

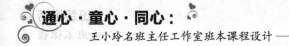

——基于高中化学课堂的美育研究班本课程

深圳市宝安区新安中学　韩新璐

一、课程设计背景

“美育对全面提高学生素质、陶冶学生情操、培养全面发展的人才具有重要作用，应该切实加强。”人们习惯上把美育实施途径仅仅局限于艺术课程这一狭窄范围，很多教育工作者提倡将美育融入各个学科的教学之中，但由于长期以来对各学科的固定思维的认识，因此美育的教学并不全面。

化学本身是一门很有趣的学科，其中蕴含的美数不胜数，也与我们的生活息息相关。但是学生一度认为这是一门需要背诵的学科，教师也只重视学生的成绩，这样一来，化学中的美完全被忽略，这样的教学对学生综合素质的培养不利。

《普通高中化学课程标准（实验）》的课程目标中的情感态度与价值观部分强调，发展化学学习的兴趣，乐于探究物质变化的奥秘，体验科学探究的艰辛和喜悦，感受化学世界的奇妙与和谐。基于以上教育发展前景，美育在化学教学中的实施已成为当前教育发展的迫切需要。

二、课程育人目标

1. 开发智力

美育以特殊的方式促进学生的智力发展。通过对审美对象形式的整体把握和领悟，由抽象思维走向直觉思维，触发创造的契机，促进能力开发。审美教育可以激活学生情感，帮助学生在审美愉悦中产生高度的热情，在领悟中萌生出创造思维。

2. 促进德育

美育具有净化心灵、陶冶情操、完善品德的教育功能，它有助于培养正确的世界观和人生观。一个具有审美理想的人，就会以完整的人性去对待社会：国难当头，会慷慨捐献；强敌当前，会尚节立勇；忧在人前，乐在人后；为国分忧，为民排难。

3. 增进体育

马克思说过，美好的心情，比一服良药更能解除生理上的疲惫和痛楚。现代心理学研究表明，心情愉快，消除各种因素的困扰，会促进有益于身体健康的生物化学物质分泌，使人肌肉放松，心率舒缓，机能协调。

总之，审美教育应充分发挥其独特的教育功能，通过一定的审美媒介，按照时代的审美理想，把受教育者塑造为个性全面发展，具有与社会、自然和谐统一的审美心理结构的人。

三、学情分析与教学目标

经过初三的学习，学生已经对化学学科产生了浓厚的兴趣。然而进入高中，学生很容易迷失在庞大的化学知识海洋中，大量知识不成系统，学生学起来很费劲，渐渐地就失去了学习热情。

本课程拟在课程中大量渗透美育的培养，使学生在学习的过程中感受化学之美，真正地爱上化学。

四、教学策略

（1）实验探究法：通过实验，观察现象，感知化学物质变化之美。

（2）数据探究法：通过数据推理，感受数字背后隐藏的化学规律，感受化学和谐之美。

（3）图像探究法：利用多种图像，如速率平衡图像、原子序数—原子半径图像、原子序数—元素化合价图像，形象化地理解抽象的概念。

（4）合作探究法：通过任务驱动，开展小组学习，使每个人都得到发展。

（5）科学探究法：提出问题，猜想假设，实验探究，结果讨论，拓展迁移。

（6）多元评价法：在教学活动中开展多元评价，及时鼓励，重视过程性评价。

五、教学设计

◆·第一课　化学课的自然美——微观之美·◆

【教学目标】

（1）通过大量素材，引入观察世界的新角度——微观。

（2）通过原子结构的探析，学生感受化学的微观之美。

【教学过程】

1. 转换看世界的角度

这是神秘公寓？这只是吉他的内部构造。这是一块石板？这只是新德里高空俯拍。

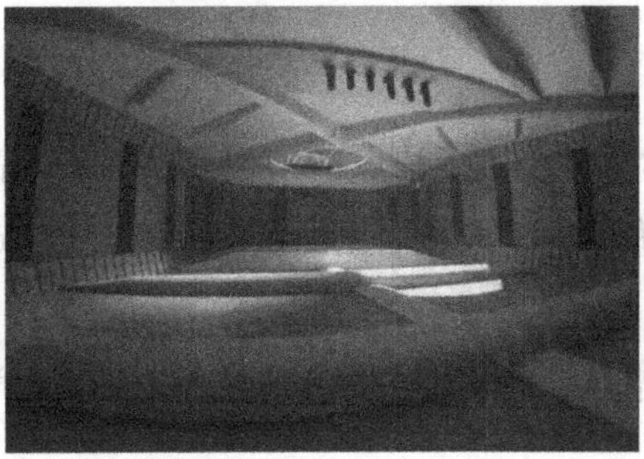

换个角度看世界

引导总结：换个角度认识事物，会有不一样的体验。大至宏观世界的宇宙天体，小至微观世界的电子、中子、质子，都是客观存在的，只是我们还没有认识它们。学习化学就是要认识物质。化学是一门在原子、分子水平上研究物质的组成、结构、性质、变化的科学。

2. 微观世界——原子结构模型的探究

（1）提出问题：电子带负电，原子不带电，它们是均匀分布还是集中分布？

（2）进行实验：1910年，英国科学家卢瑟福进行了著名的α粒子轰击金箔实验。

（3）数据探究：根据构成原子的微粒——电子、质子和中子的质量数据，探究原子的质量分布。

（4）实验结果：原子内部中空，原子质量集中在原子核上，否则无大角度的散射。

（5）归纳总结：①原子构成；②构成原子各微粒间的关系；③原子的表示方式。

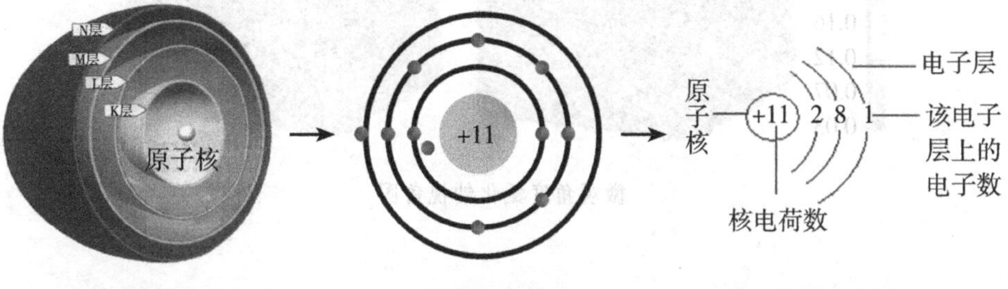

原子结构的剖析图　　原子结构的平面图　　原子结构的表示方式

原子结构分布图

3. 微观之美

化学之美在于它给予你全新的视角来观察我们的世界。我们通常认为，空间是空的，而物质是实在的；通过本节课的学习，我们了解到任何物质本质上都是空的，物质由原子构成，而原子则由原子核与核外电子构成，原子几乎全部的质量都集中在原子核上，而原子核的体积只占原子体积的几百亿分之一。

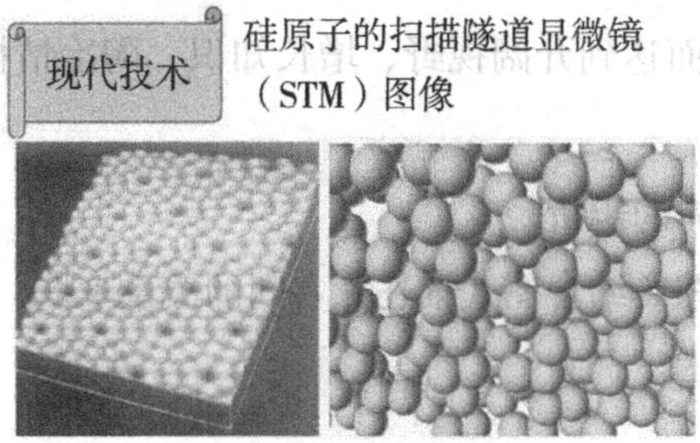

现代技术
硅原子的扫描隧道显微镜（STM）图像

证明了原子确实存在

微观角度碳视角图

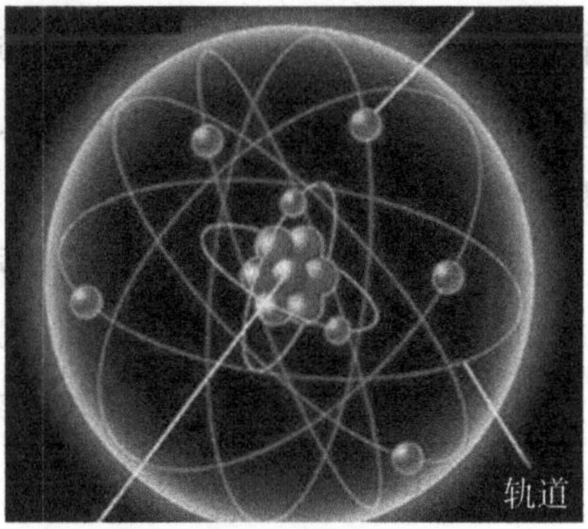

微观角度原子视角图

微观角度氯化钠视角图

第二课　化学课的自然美——形态之美

【教学目标】

（1）通过图片、视频的引入，学生探析大自然的形态之美。

（2）学生学会辨析元素、核素、同位素、同素异形体的概念。

【教学过程】

1. 神奇的大自然等你去探索

大自然中的各类化学物质所呈现出来的状态总让我们感到惊叹。同一元素所构成的物质，金刚石是如此的璀璨夺目，而石墨却那样的平淡无奇；碳酸钙有那么多化身，骨骼、贝壳、珊瑚、石笋、钟乳石……我们会通过图形、模型等使学生欣赏到物质的自然美，从而达到开阔视野、增长知识、陶冶情操的目的。

2. 元素、核素、同位素、同素异形体的辨析

（1）核素、同位素、元素间的关系图（结合图式描述三者间的关系）。

（2）几种重要的同位素（氢、铀、碳）。

（3）几种重要的同素异形体。

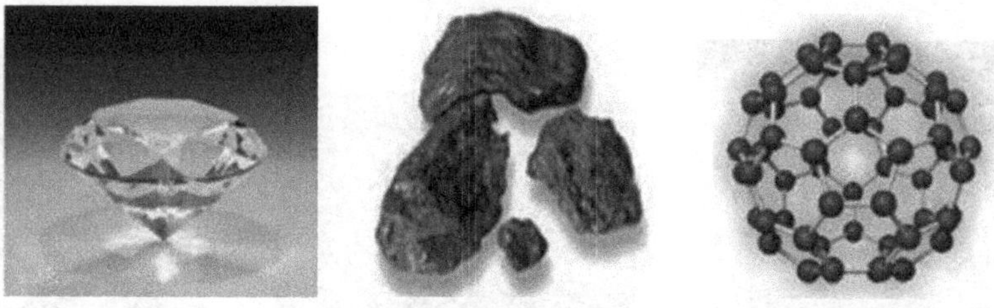

金刚石　　石墨　　足球烯

碳的同素异形体元素关系图

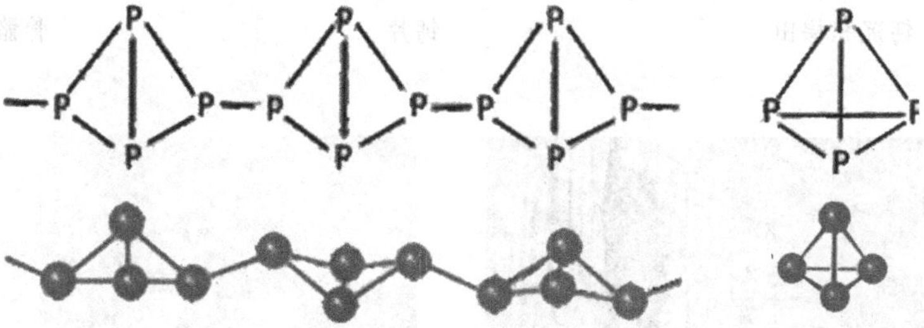

红磷的结构　　白磷的结构

磷的同素异形体元素关系图

硫有多种同素异形体，如斜方硫、单斜硫等

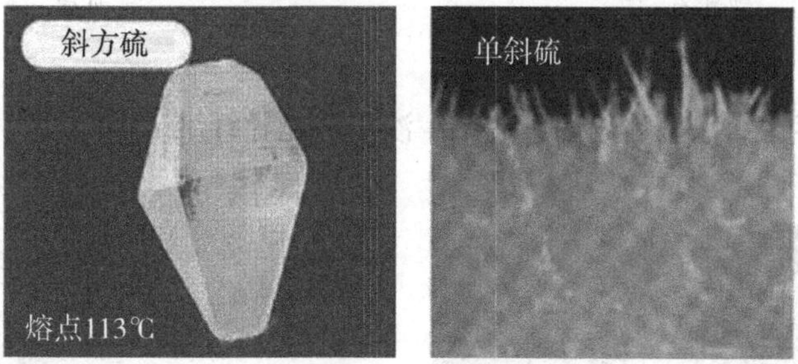

硫的同素异形体元素关系图

3. 常见化合物在自然界的多种存在形式

$CaCO_3$的存在：钟乳石、石笋、贝壳、珊瑚、天然钙沉积梯田、骨骼、钙片……

钙沉积梯田

钙片

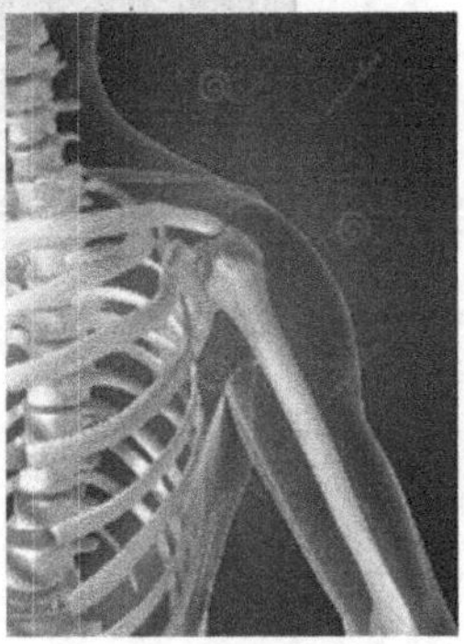

骨骼

钟乳石

贝壳

SiO_2的存在：水晶、玛瑙、琥珀、沙子、光导纤维……

光导纤维

沙子

琥珀

水晶

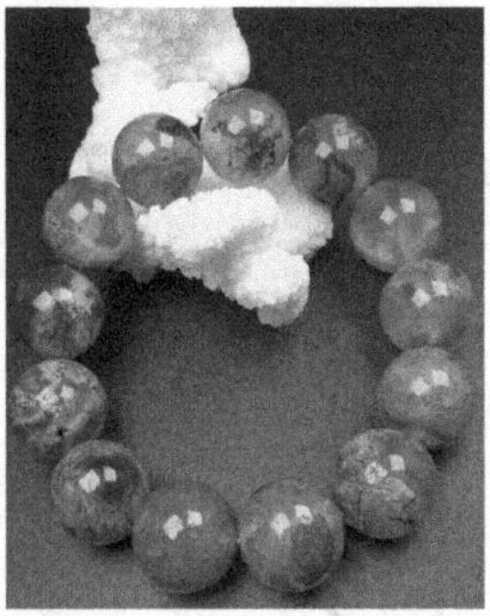

玛瑙

第三课 化学课的和谐美——平衡之美

【教学目标】

（1）通过生活实例，学生感知生活中化学反应的快慢和限度。

（2）通过数据、图像探究可逆反应的限度和变化，学生感知化学平衡之美。

【教学过程】

感知生活：在化学实验和日常生活中，我们会观察到这样的现象，有的化学反应进行得快，有的进行得慢，说明化学反应有快慢和限度。

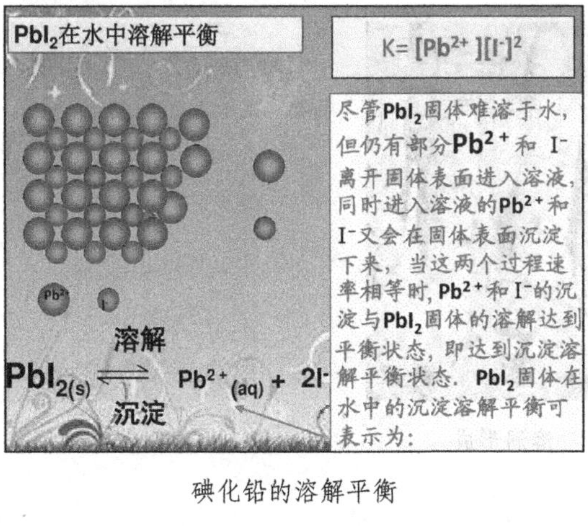

碘化铅的溶解平衡

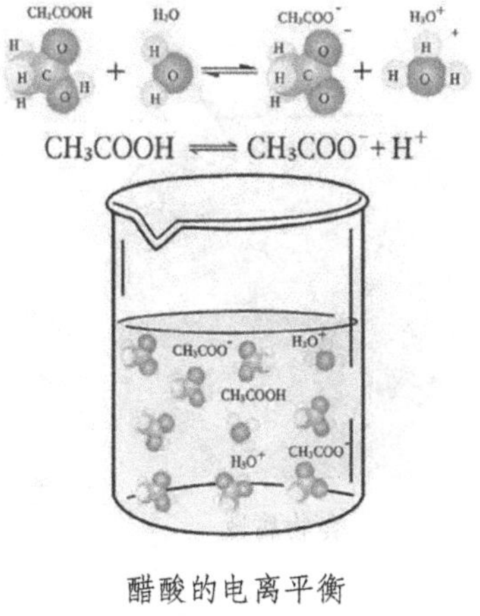

醋酸的电离平衡

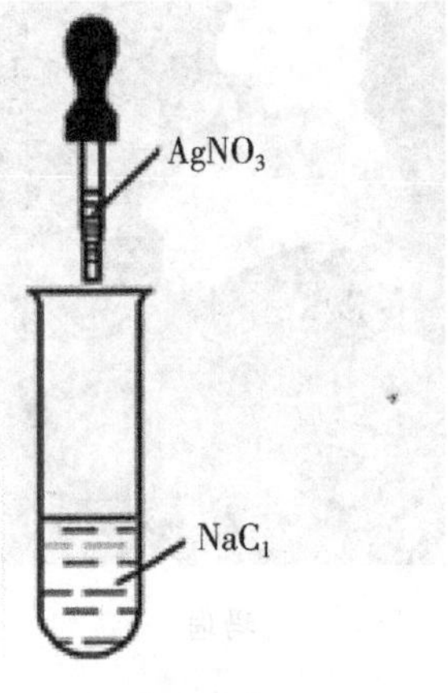

离子反应

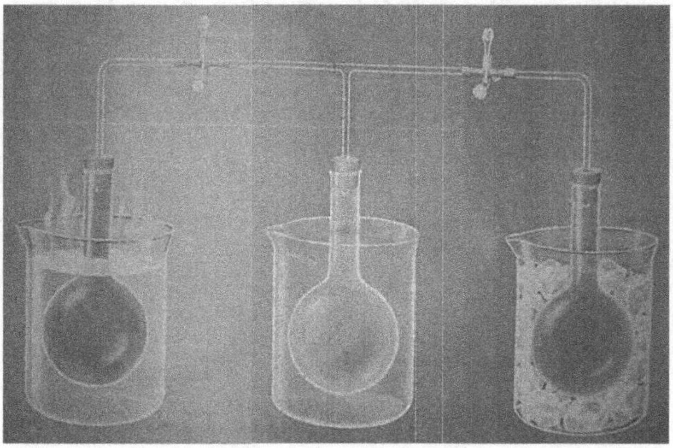

二氧化氮和四氧化氮的平衡

炸药爆炸

燃烧反应

塑料老化

食物腐败

溶洞形成

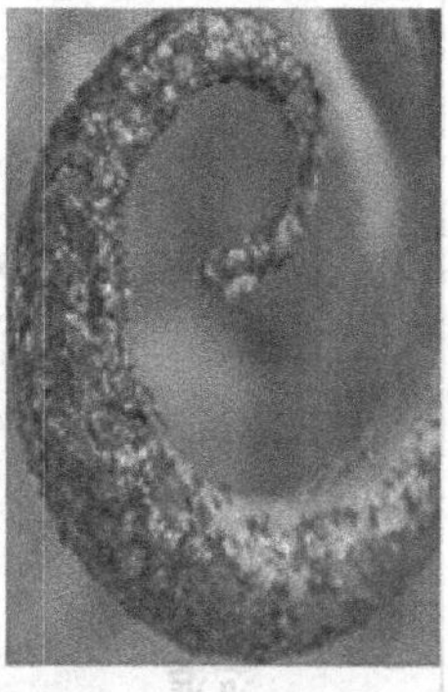

铁生锈

1. 认识可逆反应

实验探究：

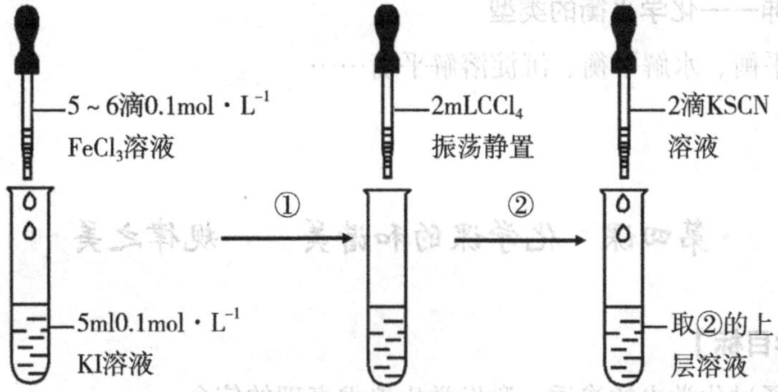

实验图

2. 化学平衡的概念

作图探究：对于可逆反应$2SO_2+O_2 \underset{\triangle}{\overset{催化剂}{\rightleftharpoons}} 2SO_3$，在一定温度下，将10mol$SO_2$（g）与5mol$O_2$（g）通入一定体积的密闭容器中。测得数据见下表：

数据表

时间min	0	10	20	30	40	50	60	70	80
$c(SO_2)$ mol/L	10	6	3	2	1.2	1	1	1	1
$c(O_2)$ mol/L	5	3	1.5	1	0.6	0.5	0.5	0.5	0.5
$c(SO_3)$ mol/L	0	4	7	8	8.8	9	9	9	9

① 在坐标系中画出$c(SO_2)$、$c(O_2)$、$c(SO_3)$—t图。

② 在坐标系中根据分析画出$V_{正}$、$V_{逆}$—t的走势图。

3. 化学平衡的状态

归纳总结：①化学平衡状态的概念；②化学平衡状态的特征。

4. 化学平衡的移动

实验探究1：

［烧瓶存在以下平衡：NO_2（g，红棕色）$\rightleftharpoons$ N_2O_4（g，无色）+Q］

实验探究2：

［溶液存在以下平衡：$Fe^{3+}+3SCN^- \rightleftharpoons Fe(SCN)_3$（红色）］

归纳总结：勒夏特列原理：如果改变可逆反应的条件（如浓度、压强、温度等），化学平衡就被破坏，并向减弱这种改变的方向移动。

5. 延伸——化学平衡的类型

电离平衡、水解平衡、沉淀溶解平衡……

第四课 化学课的和谐美——规律之美

【教学目标】

（1）通过化学史的渗透，激发学生追求真理的信念。

（2）通过数据、图像分析元素周期律，学生感知化学的规律之美。

【教学过程】

感知化学史：1869年，俄国科学家门捷列夫首次提出了元素周期律，发表了第一张元素周期表。在学习元素周期表之前可以通过门捷列夫的故事引导，让学生认识化学是一门非常有规律的学科，感受化学的规律之美。

元素周期表

元素符号	元素名称	原子序数	核外电子排布	电子层数	最外层电子数	原子半径/nm	相对原子质量	最高价、最低价
H	氢	1	1	1	1	0.037	1.008	+1
He	氦	2	2	1	2	—	4.003	0
Li	锂	3	2，1	2	1	0.152	6.941	+1
Be	铍	4	2，2	2	2	0.089	9.012	+2
B	硼	5	2，3	2	3	0.082	10.81	+3
C	碳	6	2，4	2	4	0.077	12.01	+4，−4
N	氮	7	2，5	2	5	0.075	14.01	+5，−3
O	氧	8	2，6	2	6	0.074	16.00	−2
F	氟	9	2，7	2	7	0.071	19.00	−1
Ne	氖	10	2，8	2	8	—	20.18	0
Na	钠	11	2，8，1	3	1	0.168	22.99	+1
Mg	镁	12	2，8，2	3	2	0.160	24.31	+2
Al	铝	13	2，8，3	3	3	0.143	26.98	+3

续 表

元素符号	元素名称	原子序数	核外电子排布	电子层数	最外层电子数	原子半径/nm	相对原子质量	最高价、最低价
Si	硅	14	2，8，4	3	4	0.117	28.09	+4，−4
P	磷	15	2，8，5	3	5	0.110	30.97	+5，−3
S	硫	16	2，8，6	3	6	0.102	32.06	+6，−2
Cl	氯	17	2，8，7	3	7	0.099	35.45	+7，−1
Ar	氩	18	2，8，8	3	8	—	39.95	0

动手实践：将以上表格数据作图像处理（见人教版《化学必修二》P.12方法导引）。

（1）画出以原子序数为横坐标、原子最外层电子数为纵坐标的柱状图。

（2）画出以原子序数为横坐标、元素原子半径为纵坐标的折线图。

（3）画出以原子序数为横坐标、元素化合价为纵坐标的折线图。

交流研讨：小组代表展示最外层电子数的柱状图，原子半径、化合价的折线图。

总结归纳：（提示：每隔一定数量，又重现前面出现过的情况的变化称为周期性变化）

（1）随原子序数的递增，元素原子的最外层电子数呈现从1到8的周期性变化。

（2）随原子序数的递增，元素的原子半径呈现从大到小的周期性变化。

（3）随原子序数的递增，元素主要化合价呈现：负价从−3到−1，正价从+1到+7的周期性变化。

（4）元素周期律：元素的性质随原子序数的递增而呈周期性变化的规律。

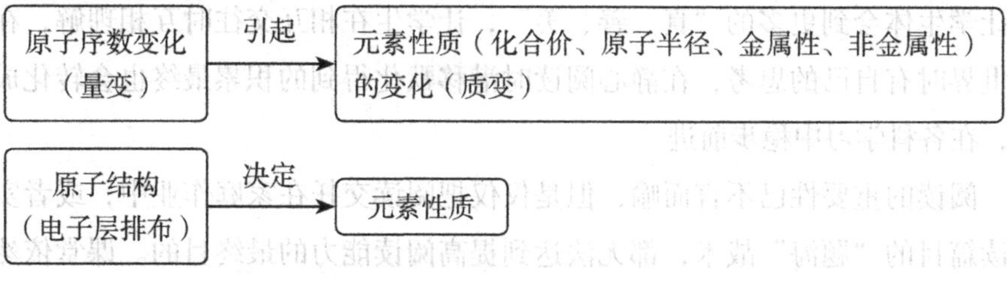

元素周期律变化图

（5）元素周期律存在的本质原因是：原子最外层电子数的周期性变化。

点亮心灯之拥抱自然

——班级阅读推广班本课程

深圳市宝安区灵芝小学　钟　颖

一、课程简介

无论是对儿童身心的发展，还是在当今着重于考察阅读理解的学习环境来说，“阅读能力”对现在每个学段的学生来说都是最重要的学习能力。重视儿童阅读，也就是重视儿童的内心。阅读对儿童精神成长是不可或缺的。大量的阅读积累已成为学生自我发展的首要奠基点。我国教育部基础教育专家委员会成员温儒敏先生更是指出：“没有大量的阅读积累，是不可能学好、考好语文甚至其他科目的。”如此重要的阅读能力，却没有在任何的课程系统中体现。我们的小学课程体系中有语文课、书法课、综合实践课等，但唯独没有“阅读课”。和全国统一的语文教材相比，阅读教材也有，但面对数量浩如烟海、质量良莠不齐的阅读教材，教师该如何选择？又如何在日常课程中融入阅读教学？这是值得每一位语文老师或者班主任思考的问题。并且，阅读的重要性不仅限于语文课堂，其更是整个班级文化建设的重点。如果一个班级整体长期沉浸在热爱阅读的环境中，对班级管理也会具有不可忽视的促进作用。因为阅读会让学生体会到更多的“真、善、美”，让学生在相互交往时互相理解，在看待世界时有自己的思考，在静心阅读时潜移默化得到的积累最终也会转化成运用，在各科学习中稳步前进。

阅读的重要性已不言而喻，但是仅仅把阅读交托在家庭作业中，或者实行阅读篇目的“题海”战术，都无法达到提高阅读能力的最终目的。课堂依然是提高阅读能力的主阵地，而且学生“自己读”和全班“一起读”会有完全不一样的效果。“一起读”不仅可以增强学生对阅读的兴趣，增多班级集体间的合作交流，还可以让教师更好地落实监督，把握进度。

作为班主任及语文教师，我每学期都会为班级制定教材之外的阅读书目及阅读课程。结合语文教材的进度内容，为学生挑选适合现阶段学情及语文教学的课外读物，要求全班共读。每一次共读都要完成相关的阅读记录卡、阅读作业单、读书笔记、班级读书会等，落实“整本书阅读”“群文阅读”“单篇阅读”相结合的教学策略，让学生真正学会阅读方法，真正读好经典，真正享受到阅读的乐趣，从而受益一生。

本次课程节选部分为“拥抱大自然”主题，契合小学三、四年级学段学生充满好奇心、热爱观察的学情特点。通过本次主题阅读，对学生细致的观察力、对大自然的热爱之心及对大自然中真善美的思考都有着潜移默化的推动作用。

二、课程性质

主题阅读推广课程。

三、课程目标

（1）结合语文教学中关于大自然的单元主题课程，布置全班共读一本课外书。在规定时间内完成内容的阅读，并能及时做好摘抄记录，积累书中的好词好句，初步学会鉴赏语句，提高生活中的观察能力。

（2）通过完成阅读作业单的方式得到阅读指引，提炼阅读重点，初步学习概括整本书的内容，评价书本中的人物，提炼阅读时的收获，从而培养阅读技巧和阅读方法，为学生的独立阅读能力打好基础。

（3）通过在班级读书会分享的方式，观看、阅读、评价自己与他人的阅读单作品和读书笔记，汲取更多的思考观点，发散思维，学会分享与合作，最终使学生热爱阅读、热爱大自然、热爱生活。

四、课程内容

（1）共读一本书开篇——导读部分。

（2）利用阅读单引导赏析精彩内容。

（3）班级读书分享会。

（4）完成关于阅读本书的汇报作品。

（5）班级内欣赏评价。

五、实施建议

本课程主要采取与语文课单元主题相结合，完成了对新书目的阅读导读后，学生在阅读过程中自行阅读完成作业单，通过作业单的话题引导熟悉文本，提取阅读精华养分，再于课堂上以小组合作学习为主的“阅读—活动—发展”进行阅读心得分享，辅之以必要的“情景—质疑”启发式教学法和实践教学法。最后引导学生完成一份关于阅读书目的汇报作品。

六、教学设计

第一课　拥抱大自然——主题阅读开篇

第一步：导入。出示关于大自然的美丽景象（植物、动物等），讨论图片中你所看到的“美”。

第二步：引出主题。不仅肉眼看到大自然的“美”，还可以通过文字通向心灵，用心去感受大自然的“美”，接下来的三个月时间，我们都会通过文字浸润在大自然的美丽中。

第三步：出示《绿野仙踪》《柳林风声》《时节之美》《狼王梦》四本课外阅读的封面信息，引导学生分析每本书的封面，猜测每本书的主要内容。

第四步：提出关于“拥抱大自然”的主题阅读课程要求：

（1）准备一张“阅读纸”——在上面画四个格子，写下书中四个最有趣的情节（或者最美丽的场景）。

（2）说说故事中的主要人物或主要描写的景色是谁或是什么——用6个词语形容这个人物或者景色。

（3）厘清故事的主要脉络——尝试把故事的起始、发展和结果提炼一下。

（4）一边读，一边做笔记，记下阅读过程中产生的问题，左栏是笔记，右栏是问题，并且做好摘抄。

（5）表达自己的意见——你对这本书有什么看法？列出至少三个原因。

部分推荐书籍封面

班级荐书会活动

第二课 《绿野仙踪》导读课

1. 介绍《绿野仙踪》的作者

弗兰克·鲍姆，1856年出生于美国纽约州奇特南戈的富商之家。他患有先天性心脏病，不宜多活动，所以童年时代几乎都在阅读中度过。大量的阅读，拓宽了弗兰克·鲍姆的知识视野，丰富了他的想象力，为以后的儿童文学创作奠定了基础。成年后，他学过军事，办过报纸，当过演员，做过记者。多彩的生活使他的文学创作条件日渐成熟。1899年，弗兰克·鲍姆的短篇童话集《鹅爸爸的故事》问世。这是美国儿童文学史上的第一部童话集，深受孩子们欢迎。一年后，他的力作《绿野仙踪》出版。在弗兰克·鲍姆一生的六十多部儿童文学作品中，本书的艺术成就最高、影响最大。

2. 新书介绍，阅读故事

教师导语：有一个小女孩，她叫多萝西。她跟叔叔婶婶住在堪萨斯大草原上。有一天，草原上刮起了龙卷风，多萝西和小狗托托被龙卷风连房子一起卷到了空中。等她醒来时，她已经来到了一个陌生的地方——奥兹国。奥兹国中间是翡翠城，四周分别由东方魔女、西方魔女、南方魔女、北方魔女统治。多萝西的房子从天而降时，压死了邪恶的东方魔女，为此，她得到了“满地金”国人和善良的北方魔女的尊敬。为了回家，北方魔女指引多萝西去翡翠城找奥兹大王。

这是一段充满艰险的旅行。在这个过程中，本来很弱小的多萝西变得顽强起来，没头脑的稻草人想出了许多好点子，没有心的铁皮人表现出了无与伦比的善良，胆小狮也变得所向披靡。这个故事情节生动，曲折多变，扣人心弦。同学们，只要你一捧起这本书，就会被它深深地吸引，和故事中的人共欢乐、共伤心。

3. 了解故事

（1）有同学读过这本书吗？你能为大家介绍一下吗？（讲其中的一两个故事）

（2）教师为学生读故事片段。

4. 认识人物

（1）出示书中的人物插图。猜一猜，这幅图画的是谁？

（2）你为什么认为图上的就是×××？

（3）他们究竟长什么样？（学生快速浏览《绿野仙踪》，分组找出不同人物的外貌描写的句子）（分组：第一组找多萝西、奥兹大王；第二组找铁皮人、北方魔女；第三组找满地金人、稻草人；第四组找胆小狮、西方魔女、南方魔女）

（4）出示书中不同人物的外貌描写，读一读。

5. 走近人物

（1）人物解读。从外表和他们的故事来看：

① 你最喜欢他们中的哪一个？为什么？

② 你最讨厌他们中的哪一个？为什么？

③ 你最羡慕他们中的哪一个？为什么？

④ 你最可怜他们中的哪一个？为什么？

⑤ 你最……他们中的哪一个？为什么？

（2）说说他们的故事。你对谁最了解，就说谁的故事。

6.《绿野仙踪》里的大自然

这本书里有哪些吸引你的景色描写？阅读时多批注和摘抄。

附：

《绿野仙踪》阅读作业单

1. 故事大意

善良的小姑娘（　　）被一场龙卷风刮到了一个陌生而神奇的国度（　　），并迷失了回家的路。在去翡翠城的路上，她陆续结识了没脑子的（　　）、没爱心的（　　）和胆小的（　　），他们为了实现各自的心愿，互相帮助，携手协作，历尽艰险，遇到许多稀奇古怪的事情。最终，他们凭借自己非凡的智能和顽强的毅力，都如愿以偿地完成了自己的心愿。

2.内容再现

（1）猜猜他（她）是谁

① 她是一个孤女，但她很快乐，对任何事情都能够找出笑料来，有时候连

她自己也说不出为什么笑。（　　）

② 他是个农民，他从来不大笑，从早到晚在地里干活，不知道快乐是什么东西，只有愁苦的神色挂在脸上。（　　）

③ 他们个子不高，戴着绿色有尖顶的圆帽子，四周挂着小铃，一路走一路响着，非常好听。他们的衣服也是绿色的，穿着锃亮的靴子，上面绕着蓝色的绑腿带。（　　）

④ 他用小布袋做的脑袋上戴着蓝色有尖顶的圆帽子，穿着蓝衣服和蓝鞋子。他有完整的身体，却没有脑子。（　　）

⑤ 她美丽善良，乐于助人，住在美丽的桂特林，最后指点多萝茜回到了自己的家乡。（　　）

⑥ 他没有心脏，是完全用铁皮做的，总是提着一把斧头。（　　）

⑦ 森林中的各种野兽都以为他是勇敢的，他却非常胆小，遇见谁都害怕，只敢大声地吼叫几声。（　　）

（2）选择题

① 花地里的小救星送给小女孩的礼物是（　　）。

A. 哨子　　B. 链子　　C. 口琴

② 在过河时，河流很急，是（　　）救了稻草人。

A. 海鸥　　B. 鹳鸟　　C. 鹭鸟

③ 西方魔女最怕（　　）。

A. 火　　B. 水　　C. 油

④ 奥兹大王其实是（　　）人。

A. 英国俄勒冈　　B. 法国波尔多　　C. 美国俄马哈

⑤ 在跨越壕沟的时候，是（　　）帮大家过去的。

A. 胆小狮　　B. 稻草人　　C. 铁皮人

3. 与你分享

好词：____

____

好句：____

____

我的阅读感受：________________________________

____

____

____

◆·第三课《绿野仙踪》作品汇报课·◆

1. 画人物

（1）你觉得书中的人物画得好吗？为什么？

（2）你心目中的这些人应该是什么样子的？你能把他们画出来吗？试试吧！喜爱绘画的学生，可以根据故事中描写各种人物形象的段落语句以及语言文字和自己的想象，画出人物。（可以合作完成，绘画形式也可以不一）

2. 综合活动

（以下活动为二选一）

（1）探险图的绘制。读了《绿野仙踪》，你一定知道多萝西是怎么来到奥兹国的，在奥兹国，她又去了哪些地方，遇到了什么情况，最后她又怎么回到堪萨斯的。把这一过程用图的形式画出来。

（2）游戏图的绘制。出示游戏图。我们的生活中有许多掷投子前进的游戏图，你能把游戏和读书融合在一起吗？把《绿野仙踪》中的情节放进游戏图，让同学们在玩的时候也参与读书的过程。

3. 作品展示、师生评价

（1）小组内部相互传阅各自的作品，学生可以在同学的作品上添加自己的想法，共同完成小组内部的优秀作品推选。

（2）各小组上讲台汇报优秀作品内容，同学们一起评议，哪个小组的情节最符合原文，画的地图最为准确，投票决定哪份作品成为班级指定的“仙踪图”。

·第四课 《柳林风声》导读课·

1. 作品简介

（1）作者简介。

肯尼斯·格雷厄姆（1859—1932），童话作家，生于英国苏格兰的爱丁堡，他的童年很不幸，父母双亡，几兄弟都由亲戚收养。中学毕业后，他没钱继续读大学，20岁进英格兰银行工作，直到1908年，因在银行里被一疯汉用枪击伤而退休。他喜欢自然和文学，业余研究动物和写作，是一位很有名气的作家。在他的独生子6岁时，他为儿子编讲故事，儿子听得入了迷。有一次去外地出差，他只好答应用写信的方式把故事继续写给他看。1907年他写给儿子的一扎信，就是今天我们要读的这本书《柳林风声》。

（2）你知道怎样才能快速地知道这本书的内容吗？

（出示作品简介）书本在封面后，还有扉页，有很多书本的扉页上有内容提要，我们可以阅读内容提要来快速地了解书本的内容。

2. 翻看插图，走进书中人物

（1）看封面：找出书中的主要人物，猜猜封面画的是谁。你觉得河鼠和鼹鼠会发生怎样的故事呢？

（引导学生从封面获得书中人物信息）

（2）看书中第一幅连页折图，猜猜他们都在干什么。

书中还有很多插图，我们一起翻翻看。

（3）认识鼹鼠、河鼠。

只看插图我们还不知道书中的人物到底是什么样子的，接下来我们读读他们的故事吧！

① 出示第一章第一段内容，交流鼹鼠的性格特点。

整整一个上午，勤劳的鼹鼠都在家里努力地干着活，为了自己温暖的、小小的家进行春季大扫除。他先把地扫干净，又打扫室内的灰尘，然后爬上梯子、椅子、台阶，提着灰浆桶开始用刷子刷墙，直到腰酸背痛才停下来，他那身乌溜溜的毛皮上溅满了白色的灰浆。

② 出示书中描写河鼠的部分，交流河鼠的性格特点。

鼹鼠将目光转到了河水的另一边，希望还有什么新奇的东西出现。忽然，他发现那边河岸有个黑乎乎的洞口，洞穴中央有个小东西忽隐忽现，就像天上的小星星。他定睛一看，原来是一对小眼睛，紧接着露出一张棕色的小脸，腮帮儿的两边挂着两撇胡须，一对精巧的小耳朵，浓密的毛发，原来是一只河鼠!

他们回到河鼠的家，河鼠在客厅里生起火，给鼹鼠拿来换洗的衣服和干净的拖鞋，让他换上，然后坐下来一起聊天。河鼠给鼹鼠讲了很多发生在河边的逸闻趣事，如宽大的拦河坝，突发的山洪，跳跃的狗鱼，乱扔硬邦邦的瓶子的汽船，苍鹭，除此以外，鼹鼠也将自己的一些冒险经历告诉了他：自己是如何到阴沟探险的，是如何和水獭一起在夜间捉鱼的，是如何和獾一起在田野里旅游的，一直说到吃晚饭的时候。

（4）书中还有两位主人公，大家找一找，看他们在哪里出现的、有什么特点。学生浏览全书寻找，自由发言并随机点评。

3. 提出阅读要求

（1）制订读书计划，根据计划表进行阅读。

（2）认真阅读《柳林风声》并附上自己的插图。

（3）这本书里有哪些吸引你的景色描写？阅读时多批注和摘抄。

附：

《柳林风声》专题阅读作业单

书名：《柳林风声》	姓名：
本书的作者：	作者国籍：
阅读进度：（　　遍）（读到页　　）	阅读心情：
本书的主要人物：	
本书的主要内容：	

续 表

我喜欢的四字词语：
选一个或几个写句子：
精彩的比喻句（至少5个）：
你喜欢的拟人句：
你喜欢的写美景的句子：
你最喜欢的人物是谁？写出详细的理由，可以举例子。
读后的收获和感受：
家长的话：

◆·第五课 《柳林风声》作品汇报课·◆

1. 讲评作业单，展示优秀作品

本月我们一起阅读了《柳林风声》一书，这节课我们一起来交流一下自己的读书感受吧！

2. 片段回顾

（1）课件欣赏《柳林风声》中的精彩片段。

（2）集体交流。

（3）走进书中角色，感受读书的快乐。

（课件出示三个片段，指读）

片段一：

和善的獾把他俩推到一张高背长凳上坐下，给他们拿来睡衣和拖鞋，还亲自用温水给鼹鼠洗小腿，用胶布贴住伤口，直到小腿变得完好如初。

片段二：

哎呀，水好冷呀，浑身都湿透啦！他往下沉……沉……水在耳朵里，轰轰直响。这时，一只强有力的爪子抓住了他的后脖颈儿，是河鼠。河鼠在后面推着那个可怜巴巴的动物，游到岸边，拽出水来，安顿在岸上。

片段三：

力大无穷的獾，胡须根根倒竖，手中的大棒在空中虎虎生风；脸色阴沉的鼹鼠抡着木棒，高呼战斗；河鼠腰间鼓鼓囊囊塞满了各式武器，坚决果敢，奋不顾身地投入战斗。

提问：像这样的片段文中还有很多，你能找出来读给大家听一听吗？（集体交流）

从这些片段中，你感受到了什么？得到了什么启发？（在阅读讨论中，启发学生独立思考、勇于发表自己的见解）

3. 创编故事

同学们，这是一部幻想小说，有着丰富的想象力。现在让我们也来学学作家，想想：鼹鼠还到过哪里？会遇到什么困难？他又是怎么脱险的？请你发挥想象，为他编上一段惊险的历程，说不定我们的作品比作者肯尼斯·格雷厄姆的更精彩呢！

·第六课 《狼王梦》导读课·

1. 声音导入

亲爱的同学们，刚才我们听到的是什么声音呢？（狼的叫声）谈到狼这种动物，它给你什么样的感受呢？请你用一个词语来形容。

而今天，我们就来讨论一部关于狼、关于爱、关于生命、关于梦想的书籍吧。它便是沈石溪的《狼王梦》。

2. 作品简介

母狼紫岚在一个狂风骤雨的夜晚诞下了五只狼崽，四只公狼崽，一只母狼崽，但有一只公狼崽因紫岚的疏忽，死于暴风雨中。她一直有一个梦想，希望把自己的后代培养成狼王，因为这个愿望是紫岚死去的丈夫黑桑的心愿。但在残酷的现实面前，她一次次失败，三只小公狼也相继死去，自己也已步入老年。最后，她只能把希望寄托在女儿所生的狼孙身上。为了狼孙的安全，她与一只以前吃掉自己儿子的，还想吃掉自己狼孙的金雕同归于尽了。

3. 作者简介

沈石溪，原名沈一鸣。生于上海亭子间。擅长写动物小说，被誉为“中国动物小说大王”。沈石溪的动物小说以明朗而优美的语言、深沉的笔触，通过对动物社会的描写，揭示了动物之间情感纠葛的内心世界，使读者不仅了解了动物的生活习性，还可以从中引发联想，体会其中的内涵，引起人们深沉的思索。

4. 欣赏片段，提出问题

紫岚准备培养哪个孩子为狼王？原因是什么？她怎么培养的？最后黑仔的命运如何？

附：

《狼王梦》阅读作业单

1. 画一张紫岚四个孩子的战斗力对比图。

要求：①给图表涂色，标明四个孩子不同的战斗力水平；②在名字下方的表格里分析四个孩子的优点和缺点。（黑仔、蓝魂儿、双毛、媚媚）

2. 如果紫岚是一位人类社会的母亲，你觉得她的做法对吗？为什么？

3. 在你的心里，你是怎样理解梦想的？

第七课 《狼王梦》作品汇报课

1. 讲评作业单，展示优秀作品

本月我们一起阅读了《狼王梦》一书，这节课我们一起来交流一下自己的读书感受吧！

2. 小小评论家

请你选出其中一个角色，对它进行详细的评论（在理解文本的基础上独立思考、自由表达）。

3. 词句鉴赏台

选读摘抄好的关于大自然的词句，朗读并品析语言，拓展仿写内容。

4. 狼王活动场

小组分工，把《狼王梦》的精彩片段拟人化演出，增强阅读趣味和学生参与感。或者让学生找出关于狼群真实生活的相关影视资料，在课堂上分享。

5. 感受大自然

请学生思考：大自然中还有哪些你感兴趣的动物？它们又有哪些独特的习性？如果有条件，可以到野外或者动物园中实地观察，在课堂上汇报。

第八课 《时节之美》导读课

1. 导入：学唱《二十四节气歌》

跟随音乐回想每一个季节的特点，感受歌曲中的美好意境。二十四节气是中国人的智慧，是我们的祖先在安稳的大地上，在循环往复的季节中所发现的大自然的密码。

2. 找出《时节之美》中熟悉的节日

我们认识的节日和《时节之美》中的节日一样吗？按照什么来分类？平时在这个节日里，你都做些什么？

3. 初步了解二十四节气，在日历上标出

（每个学生准备一份年历卡）

4. 小组分工，抽签选择重点研读的节气

（在汇报课上轮流汇报）

研读要求：（1）熟悉这个节气的特点。

（2）拓展有关这个节气的古诗词。

（3）你对这个节气有哪些评价？

（4）带一份跟这个节气有关的物品来交流。

5. 布置作业

完成关于这个节气的展示作品。

第九课 《时节之美》汇报课

1. 展示各小组完成的各节气作品，欣赏评价

（由小组成员汇报、讲解）

2. 诗词大作战（游戏）

教师准备二十四节气的相关图片，展示到各小组负责的节气内容时，该小组要迅速起立背诵出有关这个节气的古诗词，积分制奖励。

3. 在校园角落寻找节气的影子

结合授课日期所在的节气，带领学生领略校园美景，并鼓励学生在校园的各个角落寻找关于节气的信息，如植物的生长、学生自己身体的感受等。

4. 综合活动

各小组在校园里定好一处风景，每个节气都在这里拍照，积累照片对比，更直观地感受校园里的节气变化。

第十课　大自然还有太多美丽

1. 交流讨论

读了这几本书后，对大自然有了哪些不一样的感受？

2.赞美我心中的大自然

小练笔：用自己的语言写一写“我心中的大自然”，引导学生与共读的四本书目比较，用上积累的好词好句。

3. 作品展示

学生整理好9个课时的阅读展示作品，装订成册，为作品制作好主题封面，在班级里设展，由同学们投票，选出5份“最美自然册”。

4. 延伸阅读

还有太多的美丽文本我们来不及读，看一看关于大自然还有哪些推荐书籍吧！（要求学生选读1～2本拓展阅读）

（1）［法］布封，《动物素描——布封博物笔记》。

（2）［法］儒勒·凡尔纳，《八十天环游地球》。

（3）［法］法布尔，《昆虫记》，李明淑，译。

（4）［俄］维·比安基，《森林报》，王汶，译。

（5）［英］鲁思·西蒙斯，《大自然中的一年》。

（6）［德］英姆迦德·鲁特，《最美的科普·四季时钟系列》。

（7）高春香，邵敏，《这就是二十四节气》。

大自然就是一本永远也读不完的书，什么时候翻开，都会有新的惊喜。放下书本后，真正走进大自然吧！文字的震撼、图片的直观，都会在温暖的土地上、在心灵中再次绽放。

附：

阅读记录跟踪卡

学生姓名：________ 班级：________

<table>
<tr><td>阅读时间</td><td></td><td>记录时间</td><td></td></tr>
<tr><td>读物名称</td><td></td><td>作者</td><td></td></tr>
<tr><td colspan="4">积累词语：</td></tr>
<tr><td colspan="4">精彩片段：</td></tr>
<tr><td colspan="4">主要内容：</td></tr>
<tr><td colspan="4">读后感：</td></tr>
<tr><td>家长评价：</td><td>坚持每日阅读
至少15分钟</td><td colspan="2">本周总评：
家长签名：</td></tr>
</table>

演中学，学中演，携手走进阅读世界

——小学英语课堂剧课堂实践班本课程

深圳市宝安区灵芝小学　张　萍

一、课程设计背景

语言是人们交流思想和情感的重要工具。学习外语的目的是为了培养跨文化交际的能力，让学生能在真实的语言环境中自如地运用语言。在英语改革的大背景下，教师如何更好地营造一种宽松的学习氛围，激发学生的学生兴趣，让学生真正融入语言环境当中，课本剧的实施是一个很好的途径。我国很早就提出课本剧这一概念。为贯彻《中共中央国务院关于深化教育改革全面推进素质教育的决定》和《国务院关于基础教育改革与发展的决定》，教育部决定，大力推进基础教育课程改革，调整和改革基础教育的课程体系、结构、内容，构建符合素质教育要求的新的基础教育课程体系，随着课程改革的提出和推进，课本剧这种新的戏剧形式应运而生了。

《新课程标准》特别强调，通过学生“能够用英语做事情”来体现学业成就感。因此，英语课程教学必须通过开发一系列以学生为主体的教学活动，让学生参与并体验，从而形成英语应用能力。课本剧是立足教材，以教师为主导，以学生为主体，结合课堂与课外，集“教、学、演”于一体的一种教学活动。在英语教学中，通过让学生把英语教材中的对话或者故事性较强的材料改编成短剧，经过充分排练后进行角色表演；让学生表演课本剧，提升学生对英语学习的兴趣，让学生在编写、排演课本剧的过程中，达到培养学生英语运用能力的目的。

二、理论基础

英语课本剧涉及的核心概念是课本剧和角色扮演。课本剧是一种根据实际教学情况，在趣味故事的基础上加以创新和表演，灵活运用所学英语进行交流的形式，它有助于培养学生实际运用语言能力，提高学生兴趣，是一项比较有效的英语实践活动。课本剧源于英语课堂教学活动中的分角色朗读。它是一种以学生为活动主体，以教材为主要编演对象，为提高学生的英语综合能力而进行的主要在课堂上和校园内上演的戏剧活动，它对英语教学、学生发展、教师专业发展、学校课程建设等具有积极的促进作用。Richards和Charles认为角色扮演是课堂活动中的戏剧表演，学生通过参与体会场景中的不同角色，根据自身特点和对角色的理解，表演出场景中的典型情节。

国外对角色扮演的研究起步较早。角色扮演最初源于戏剧和心理学范畴。然而因其具有观赏性、实践性、趣味性、创造性、自主性等特点，逐渐被各个领域关注与运用。

最早将角色扮演引入课堂教学的是美国的Fox与Chasler于1966年出版的《课堂中角色扮演的方法》。1967年Fannie Shafter与George Shafter在《角色扮演的社会价值》中正式提出“角色扮演”一词，并对其做出了详尽的解释，提出了角色扮演的具体步骤。英国作为古老的戏剧发展国家之一，角色扮演被称为“戏剧活动”，于1984年首次被英国科学教育协会（ASE）提出。在我国，最早关于角色扮演的文章是1956年T.鲁卡谢维奇和李溪桥发表的《对儿童角色扮演者的处理》，其文章内容主要涉及在影视领域怎样解决儿童角色的扮演问题。

三、学情分析

英语学习不是枯燥的背诵和记忆，英语学习可以通过表演来完成。在《英语课程标准》的语言技能分级目标中，对于学生在表演方面的能力给出了明确的要求。课本剧在教学中的使用是弥补语言环境不足的重要方法，它拓宽了学生用外语思维的空间，创设了灵活使用语言的情境。其表演就是让学生扮演不同的角色，深入故事，体验生活，逐渐培养综合运用英语的能力。我校所处的深圳市宝安区，在基础英语教学改革中一直致力于英语单元整体教学，即让学生在一定的语言情境中去学习语言、体验语言并运用语言。同时，我们的教学对象是四年级的学生。四年级的学生生性活泼、善于模仿、乐于表现，这些特点，对课本剧的实施提供了良好的学生基础。

四、课程目标

（1）学生能根据老师的指令做动作、做游戏、做事情（涂颜色、连线等）；能在图片的帮助下听懂、读懂并讲述简单的故事。

（2）学生能在老师的帮助下表演小故事或小短剧，演唱相关的英语歌曲和歌谣；能交流简单的个人信息，表达其感觉和情感。

（3）学生在学习课本剧中乐于模仿，敢于表达，提升英语感知能力，拓宽其国际视野；在小组合作中，积极参与，主动请教，培养其团队协作能力。

（4）通过课本剧这一授课形式，激发学生的学习兴趣，使学生对英语学习有新的体验，拓宽学生外语思维空间，创设灵活使用语言的空间，使学生在情境中提升语言综合运用能力。

五、教学设计

第一课　Brown bear brown bear what do you see

【教材分析】

该文本的语言功能是用英语表达颜色和动物。学习任务是关于颜色和动物的词汇和句子：What do you see? I see a ... looking at me.

【学情分析】

学生生性活泼好动，喜欢直观形象思维，对游戏、竞赛、画画特别感兴趣。学生学英语不久，有可能说得不好，有的还不敢说，课堂上要以表扬为主，注重培养其学习英语的兴趣，鼓励他们大胆说、积极做、努力唱。

【教学目标】

1. 知识目标

（1）学生能听、说、认读单词：brown bear, red bird, yellow duck, blue horse, green frog, purple cat, white dog, black sheep, goldfish,并能在实际情境中进行运用。

（2）学生能听懂、会说并认读句子：What do you see? I see a ... looking at me, 并且能灵活地运用。

2. 技能目标

学生能在生活中运用本课的词汇和句子。

3. 情感目标

激发学生的兴趣，培养学生的英语思维能力和英语交际能力。

【教学重难点】

1. 教学重点

单词：brown bear, red bird, yellow duck, blue horse, green frog, purple cat, white dog, black sheep, goldfish；句型：... what do you see? I see a ... looking at me.

2. 教学难点

熟练运用所学颜色和动物的单词，灵活运用所学句型。

【教学准备】

多媒体课件、绘本、小动物简笔画卡片、彩笔等。

【教学方法】

游戏法、全身反应法、交际法。

【教学过程】

Step 1：Lead-in

Greetings and presentation：Listen to a song Brown bear brown bear what do you see？听完歌曲，老师提出问题：What animals can you hear in the song?

设计意图：教学热身活动是英语课堂教学方法的重要形式之一，师生共同演唱歌曲，可缓解学生的紧张情绪，建立轻松、和谐的课堂氛围，通过根据歌曲回答问题的形式，既让学生复习了课本上学过的单词，又让学生大体了解本课的内容。

Step 2：出示封皮，让学生了解绘本的主题和作者。

设计意图：简洁明了地引出主题。

Step 3：出示绘本图片，并遮挡部分图片，让学生猜测是什么动物。

设计意图：用遮挡图片并猜测的方式，引发学生的兴趣，同时练习本课的重点单词。

Step 4：拍手说唱新句型，每幅图片反复练习。

设计意图：通过形象生动的歌曲形式对所学单词、句型做及时的反复练习，使学生产生了浓厚的兴趣，简单化词汇和句型教学这一难点。

Step 5：播放绘本动画视频，让学生小声跟读。

设计意图：学生都喜欢看动画片，通过观看绘本动画可以让学生总体把握绘本，并为进一步的复述活动打好基础。

Step 6：根据黑板上的图片，小组活动表演故事。

Retell and act out the story in groups according to the pictures on the blackboard.

设计意图：让学生复述所学内容并进行表演，要求学生利用肢体语言将本课的词汇和句型表达出来，对新知识进一步巩固，培养学生的英语思维能力和英语交际能力，并通过小组合作的方式，培养学生的团队精神。

Step 7：作业Make a survey。

Ask your friends and family members what animal they like.

（询问朋友和家人喜欢什么动物。）

第二课 The Very Hungry Caterpillar

【绘本简介】

The Very Hungry Caterpillar是一本充满诗情与创意的儿童绘本。绘本讲述了一只毛毛虫的故事。如果说有一条虫子能一路畅通无阻地从一个国家爬到另一个国家，那么就是它了！三十多年来，这条从艾瑞克·卡尔手里爬出来的红脑壳、绿身子、高高地弓起来走路的毛毛虫，已经“吞噬”了世界上两千多万个孩子的心。

主要内容是：在月光下，叶子上躺着一颗小小的蛋。星期天早上，太阳升起来，“砰！”从蛋里爬出来一条又小又饿的毛毛虫。他开始去找吃的。星期一吃了一个苹果，可还是好饿。星期二吃了两个梨子，可还是好饿。星期三吃了三个李子，可还是好饿。星期四吃了四个草莓，可还是好饿。星期五吃了五个橘子，可还是好饿。星期六，他吃了一块巧克力蛋糕、一个冰激凌、一根黄瓜、一块乳酪、一条火腿、一根棒棒糖、一个樱桃派、一根香肠、一个杯子蛋糕和一片西瓜。那天晚上，毛毛虫肚子痛了。第二天又是星期天。毛毛虫吃了绿叶子，肚子好多了。现在，他不饿了，不是一条小毛毛虫了，是一条又肥又大的毛毛虫了。他造了一个小房子，叫茧，把自己包在了里面。他在里面待了两个多星期，咬了一个小洞挤了出来。最后毛毛虫变成了一只漂亮的蝴蝶。

【教学目标】

（1）使学生欣赏故事，了解蝴蝶生长过程，并且学会周一到周日的单词。

（2）使学生了解各种食物的单词。

（3）激发学生对英语绘本阅读的兴趣。

【教学重点】

使学生了解蝴蝶的生长过程，并且学会周一到周日的单词。

【教学难点】

使学生学会周一到周日的单词。

【教学准备】

多媒体课件，单词卡片。

【教学过程】

Step 1：Warm up

（1）Greeting: What day is today? What date is today?

（2）Sing a song: Seven days a week.

Step 2：Presentation

1. 故事导入

Once upon a time, there was a little egg lay on a leaf in the light of the moon. It's a summer night. It's hot and quiet. You can hear the sound of the wind, the owl and the leaf.（出示卵的图片，让学生猜猜最后卵会变成什么）

2. 讲解绘本

（1）One Sunday morning, cock-a-doodle-do! The warm sun came up, and POP! A caterpillar came out of the egg. It's very tiny. It climbed, climbed and climbed from morning till night. It didn't eat anything. It's so hungry. It's very hungry. It started to look for some food the next day.（此处引入Sunday的单词，并重点教授，并且教师可扮演毛毛虫做爬行动作，用肢体语言帮助学生理解climb的意思）

（2）The next day is Monday.There were so many fruits in the forest. What can you see? I can see an apple, a pear, a plum, a strawberry, and an orange. On Monday, the caterpillar ate through one apple from morning till night. POP! He came out of the apple. But he was still hungry, very hungry.（教授周一的单词并板书，请学生用英语回答周一毛毛虫吃了多少食物）Hi, kids! Where is the caterpillar? It's gone! Everybody says, "Caterpillar, caterpillar, where are you?" "Caterpillar, caterpillar, here I am!"（教师和学生一起说Chant,一起呼唤毛毛虫，并引导学生们用他们的手指当作毛毛虫，挑选一位学生到台前将手指放入书的洞中，咬一口，并且发出POP的声音）

（3）From Tuesday to Friday, how much foods did the caterpillar eat? Let's read.

On Tuesday, the caterpillar ate through two pears. But he was still hungry.

On Wednesday, the caterpillar ate through three plums. But he was still hungry.

On Thursday, the caterpillar ate through four strawberries. But he was still hungry.

On Friday, the caterpillar ate through five oranges. But he was still hungry.（引导学生说出各种水果的名字，并重点教授周二到周五的单词）

（4）On Saturday, the caterpillar started to eat some snacks. He ate through one piece of chocolate cake, one ice-cream cone, one pickle, one slice of Swiss cheese, one slice of salami. 1, 2, 3, 4, 5, 6, 7, 8, 9, 10. But that night he had a stomachache!（教师引导学生用英语回答：毛毛虫在周六吃的跟前几天不一样了，有什么不一样？都有哪些食物？并重点教授周六的单词）

（5）He built a small house, called a cocoon, around himself. He stayed inside for more than two weeks. Then he nibbled a hole in the cocoon, pushed his way out and... He was a butterfly, a beautiful butterfly!（教师引导学生通过绘本中的图片猜出最后毛毛虫化茧变成什么了）

3. 欣赏绘本

教师在让学生自我欣赏绘本的同时，夸张地跟着故事情节，引导学生说出本故事的单词，如7 days a week, fruits （apple, pear, plum, strawberry, orange, watermelon） and snacks （chocolate cake, ice-cream cone, pickle, cheese, salami, lollipop, cherry pie, sausage, cupcake），让学生们参与翻页并用他们的手指当作毛毛虫钻入绘本的洞中。

Step 3：Practice

1. 引导学生使用句型回答

Sentence:

（1）What day is today? Today is ______.

（2）How many ______ are there? There are two pears.

（3）What do you want to eat? I want to eat a slice of cheese.

2. 角色扮演

（1）请学生们用肢体扮演毛毛虫，如手指、手臂、身体等。

（2）带领学生们分小组表演好饿的毛毛虫，在说出英语单词和句子的同时，让孩子们体会从小变大的感觉。

Step 4：Production

（1）引导全班学生说出故事句型：

① What day is today? Today is ______.

② How many ______ are there? There are two pears.

③ What do you want to eat? I want to eat a slice of cheese.

（2）引导学生复习英语单词，如7 days a week, fruits and snacks。

（3）小组角色扮演。

（4）延伸品格教育：用真实的照片，让学生们体会从毛毛虫变成蛹及蝴蝶的生命历程。

Step 5：Summary

思维导图提示引导孩子复述全文。

Step 6：Homework

和父母、家人、朋友们用英语介绍毛毛虫化茧成蝶的生命历程。

◆•第三课 I have a robot•◆

【教学目标】

（1）学生能正确理解语篇，初步掌握语篇中的生词：caterpillar，beep，roll，blink，giggle...

（2）学生通过阅读，对语篇进行分析并获取有用信息。

（3）学生能综合已有的语言积累设想未来的机器人。

（4）学生让学生明白机器人虽然能做很多事情，但它们没有感情，人类才是最聪明的、有感情的生物。

【教学过程】

Pre-reading activities（读前活动）：Greetings

T: How are you, children?

Ss: I'm fine. And you?

T: I'm so happy to meet you again. Do you like toys? Can you tell me any words about toys? What is your favorite toy? Now Miss Pan will show you a toy. Please guess what it is.（由拼图游戏引出robot一词）

设计意图：由问题引出短文。

While-reading activities（读中活动）

1. Brief introduction 绘本简介

T: Today Miss Pan will guide you to read a picture book. It's about a robot. Can you guess the title?

T：Please read the title together.

设计意图：由猜故事标题，激发学生的学习兴趣。

2. Read and choose整体阅读

T: Please read it quickly, and then choose the main idea.

设计意图：选择故事大意，检测学生的阅读效果。

3. Read, find and guess解决生词

T: Please read it again, and circle the new words. Try to understand the meaning according to the pictures and context.

（1）beep: a short, high sound that acts as a signal.

Listen and judge（听音判断）

（2）caterpillars: they are round and long like worms, but have six legs. They may be brightly colored.

Is this a caterpillar? / Are they caterpillars?

（3）giggle: laugh in a silly or nervous way

In Picture ______, the boy is giggling.

（4）roll：make sth. turn over and over

______ is rolling.

（5）blink：close and open the eyes very quickly

Please blink your left/right eyes.

We can blink, but can fish blink?

设计意图：根据图片与上下文，理解生词。

4. Read and answer分段细读

（1）Read aloud.

（2）Listen and point.

（3）Check the answer.

（4）Read and match.

设计意图：教师指导学生细读文本，知晓robot和I能做事情。同时提炼can句型，并进行扩句。突出主题：My robot maybe is clever. But I can feel and I can do more. So I am the best.

5. Post-reading activities读后活动

（1）Retell the story.

设计意图：根据板书，复述故事，检测学生的阅读效果。

（2）小组合作发散思维。

T：Actually we know robots can do many things. Can you guess what robot can do in the future? Please design and finish the sentence.

T: It's time for you to show your pictures and sentences.

设计意图：培养学生创新思维，运用所学知识进行拓展。

（3）汇总小结。

设计意图：帮助学生了解更多关于现代的robot的功能，提高学生学习兴趣，激发学生进一步表达。

（4）情感升华。

T: Do you want this kind of robot? Why or why not.

Robots can do many things, but they can't feel because they are only machines. I / We can feel and we can do lots of things. So we are the best.

设计意图：帮助学生认识虽然机器人可以做很多事，但它们没有感觉，人类才是最了不起的。

第四课　Lollypops

【教学目标】

（1）学生熟练拼读CVC单词。

（2）学生重点掌握ll的发音及y在词尾的发音。

（3）学生掌握核心单词flap，lollypop，jolly，shop和yum的发音及词义。

（4）学生能够跟读故事并理解大意。

【教学重点】

引导学生根据拼读知识完成自主阅读，并根据图片信息达成阅读理解的目标。

【教学难点】

核心词汇的朗读及故事朗读。

【教学用具】

绘本、课件。

【教学过程】

Pre-reading activities读前活动

（1）呈现故事中Polly的图片。

（2）呈现几幅鸟的动图。

Can you try to read this word?

Can you show me...?

设计意图：通过观察图片和动图，激发学生已有经验，建立情境理解核心词汇的含义。

While-reading activities读中活动

（1）Look, think and answer.

① What is the girl's name?

② What is the girl holding?

③ Where can we get lollypops?

（2）Listen and say.

① The shop had lollypops.

② What do we need to buy lollypops?

（3）Brief introduction（绘本简介）。

（4） Read and guess.

Can you try to read the sentence and guess which word should be here?

（5）Let's learn more.

① Can you "fly" to your deskmate?

② Did they have money?

③ Did Polly get lollypops?

设计意图：通过观察主题图，让学生在情境下理解目标词汇的关系和含义，建立图和文的对应关系。学生有一定的拼读能力，可以根据拼读知识完成独立阅读；部分核心词汇遮挡是为了检测学生是否达成了阅读理解的目标。

Post-reading activities读后活动

（1）呈现封面图片并提问。

What is the title of the book?

What do you think of the title of the book?

Can you give me a new one?

（2）让学生分小组朗读，并找到问题的答案。

（3）学生自由朗读后整体听读，小组分组表演。

（4）引导学生按节奏朗读歌谣。

Polly was a jolly bird.

Polly flapped and bobbed.

Polly flew to Dolly.

Polly sat on Dolly.

Dolly got lollypops.

Polly wants a lollypop.

Yum! Yum! Yum! Awk! Awk !Awk!

设计意图： 培养学生的思维能力，引导学生不仅要理解文本内容，同时能够对文本有自己的评价。

第五课 Three little pigs

【教学目标】

（1）学生以各种方式呈现故事，如角色扮演、复述故事等。在小组合作中展现自我。

（2）通过复习和讨论，帮助学生理解故事的寓意，学习做事踏实的态度，明白遇到困难需要想办法解决，并知道团结就是力量。

（3）通过学习任务，帮助学生巩固和综合运用本单元所学的知识。

【教学重难点】

（1）词汇：there，bad，afraid（of），wolf，straw。

（2）句型：My house is very strong. It is made of straw。

（3）日常用语：I have a good idea.Hurrary!

【教学准备】

课件、音频。

【教学过程】

Pre-task preparations

（1）出示故事图片1并播放录音。

T:Who are they?

Sl: Tom,Tim and Jim.

T: What are they doing?

Do you know the song? Let’s listen again.（Play the recording of the song）

（2）让学生说说图片中歌词的内容并跟读。再次播放录音，让学生跟着歌曲一起唱，学生可以边唱边手舞足蹈，渲染歌曲快乐的气氛。

T: What can you hear? Who’s afraid of the big bad wolf? Let’s sing with the recording.

While-task procedures

（1）出示故事图片2，让学生先说说图片中的狼和小猪会说些什么，然后播放录音，让学生模仿，最后让学生从图片3到图片8完整地跟录音朗读一遍，并进行分角色朗读，无论是跟读还是朗读，教师都要注意提醒学生有感情地朗读，把小猪和狼的不同语气读出来。

What does the wolf say?

What does Jim say?

Can the big bad wolf get in? Let’s read and find out.

（2）出示故事图片9和10，播放课本录音，让学生听完录音后讨论问题，帮助学生理解整个故事的结尾。

Where is the wolf? What do the pigs do in the house? How does the wolf feel?

What does the wolf do at last?

（3）出示图片11，播放录音，让学生感受三只小猪的喜悦，并让学生跟唱。最后让学生把整个故事朗读一遍。

Post-task activities

（1）复述故事，让学生复习本单元的故事内容。整理文中的图片，把顺序打乱，然后请学生按故事的情节重新排序。

（2）让学生分组进行角色扮演，然后让学生戴上头饰进行小组表演，对整个故事再次进行复习和巩固。

（3）让学生在故事复述的基础上讨论故事的寓意，以揭示故事的内涵教育，对学生进行适当的德育渗透。

◆·第六课　The ugly duckling·◆

【教学目标】

1. 知识与技能

（1）学生能够在图片、教学课件的帮助下听懂本单元的故事。

（2）使学生在理解故事内容的基础上，尽量跟唱歌曲童谣。

（3）使学生能够认识ugly，retty，hawk。

2. 过程与方法

（1）运用整体故事教学的方法，通过教师提问，学生观察、描述等方式，师生共同构建故事，达到理解故事的目的。

（知识与技能目标1）

（2）通过模仿唱、听唱、自己配音乐唱等方式跟唱歌曲。

（知识与技能目标2）

3. 情感态度与价值观

激发学生学习英语的兴趣，教育学生美不美不在外表，要自己的事情自己做，坚强地面对一切困难。

【教学重难点】

重点：能够在图片、教学课件的帮助下听懂、理解本单元的故事。

难点：能够准确地唱出本单元歌曲，并且表演唱。

【教学准备】

教具：教学卡片、计算机媒体、幻灯片。

【教学过程】

Pre-reading activities

（1）Sing a song who stole the corn.

（2）Read aloud.

（3）Revision+Dubbing Game.

设计意图：边唱歌边拍手，活跃课堂气氛。复习上个单元学习的知识，自然地把学生引入所要学习的内容上来。紧紧地抓住学生的注意力，分段表演，能够给予更多学生展示的机会。

While-task procedures

（1）学习短剧。

①整体呈现短剧，让学生初步感知故事内容。

②整体再现，带着问题理解故事，教授单词swan。

③根据故事内容配合VCD，师生逐一问答理解故事和词句。

（Now, let's watch again.）

设计意图：引导学生带着简单的问题，使学生做到边看边记故事的各个角色，整体感知故事。

（2）歌曲童谣。

①认真观看、仔细倾听。

②认真听、大胆重复。

③表演跟唱。（可选择多种形式：整体跟唱、分组跟唱、分角色跟唱）

设计意图：通过欣赏歌曲、模仿跟唱、表演唱等不同形式的练习帮学生进一步理解故事内容，体验旋律和语言的美，这个过程既关注了内容本身，同时也关注了语言，是一个知识内化的过程。

Post-task activities

（1）总结全文。

（2）布置作业。

第七课　At the seaside

【教学目标】

1. 语言能力目标

（1）知识与技能目标。

①词汇：学生能听、说、读并理解以下单词：seaside，burned down，was full，broke down，tractor。

②学生能通过观察图片，理解绘本，完成故事地图。

③学生能用4E流利地演读绘本。

（2）语用目标。

学生能根据句子和图片的提示，运用所学语言续写故事。

2. 学习能力目标

（1）学生能利用自然拼读法和sight words学习新单词。

（2）学生能在老师的引导下，通过自主阅读完成故事地图。

（3）学生能结合自己的生活经验完成续写。

3. 思维品质目标

（1）借助观察图片，查找信息，理解文本，培养学生的逻辑思维能力。

（2）结合自己的生活体验，发挥想象，完成续写，培养学生的发散思维能力。

4. 文化品格目标

（1）通过学习，使学生了解Sand Bay是英国最漂亮的海滩之一；国外旅游用到房车。

（2）通过学习，使学生对旅游文化有更广泛的认识，结合自身的实际，做好旅游前的准备。例如，出发前做好天气的查询、酒店的预定和车子的检查等。

【教学重难点】

1. 教学重点

使学生理解绘本故事，挖掘图片隐含的信息，并用4E演读绘本。

2. 教学难点

使学生能通过观察分析图片，发挥学生的想象力完成故事的续写。

【教学媒体】

绘本、多媒体课件、音频材料、研学案等。

【教学过程】

Pre-reading activities

Greetings.

（1）Sight words & phonics time.

设计意图：以旧带新，复习与绘本相关的sight words，让学生利用phonics拼读相关知识，如seaside，burned down, broke down, tractor。为学习本课的词汇做铺垫，降低学习难度。

（2）Sing a song: Where is it?

设计意图：通过歌曲，引领学生进入本课的话题学习seaside。

While-task procedures

Input-Internalization

（1）Talk about the cover of the book. EX: What can you see on the cover?

设计意图：通过引导学生观察封面，了解绘本的题目、作者和绘图者，树立文本意识，增强学生对绘本结构的理解。

（2）Talk about the people. EX: Do you think they were happy? Why?

设计意图：让学生观察人物的表情和情绪，并猜测讨论原因，让学生产生思维的碰撞，使学生处于存有疑问需要解决的求知状态，有助于充分发挥学生的主观能动性，使学生真正掌握学习主动权。

（3）Scanning：Find out the problems they had.

设计意图：通过老师的示范，引导学生如何从绘本中观察和查找信息，完成故事地图。

（4）Were they happy?

设计意图：通过提问进行前后对比，从不开心到开心，得到别人的帮助是快乐的，帮助别人也是快乐的，对学生进行情感教育。

（5）Enjoy reading.

① Read after the tape.

② Read in groups.

A. Seesaw reading.（小组内每人轮流读一句）

B. Read in one voice.（小组内齐读）

设计意图：让学生看着只有背景声音的视频，小组配音，提升他们演读的兴趣。

③ Dub the story in groups.（英语趣配音）

设计意图：让学生跟读录音，模仿音频中的语音语调，小组内用不同的方式读，为配音做准备。给学生提供了完整、充足的阅读体验，加强学生的阅读精确度、流利度和阅读韵律。

Post-task activities

Output

（1）Let's choose. What will you do before the trip？

设计意图：这一家人因为旅游前没做好计划准备，所以遇到各种问题，教师引导学生结合自己的实际，渗透旅游文化知识，要做好旅游计划和准备。

（2）Let's write.

设计意图：通过看图完成续写任务，培养学生的发散思维。

Homework

（1）Dub the book At the seaside.

（2）Retell the story to your friends.

第八课 The Foolish Fox

【教学目标】

1. 知识语言目标

（1）学生能够听懂、读懂故事内容，了解更多的农耕词汇及农作知识。

（2）学生能根据phonics知识，解码文本，朗读故事。

（3）学生能了解掌握一些农作物词汇：seed，soil，turnip，corn，root，toppart，bottompart，cutdown，dugup。

2. 技能和学习策略目标

（1）学生能用已有的phonics知识解码文本，尝试朗读故事。

（2）学生能预测故事的发展。

3. 情感态度目标

通过学习教育学生脚踏实地，有劳有得，多劳多得。

【教学重难点】

1. 教学重点

一些农耕词汇：seed，soil，turnip，corn，root，top part，bottom part，cutdown，dug up。

2. 教学难点

分析人物特征。

【教学步骤】

Pre-reading activities

（1）Phonics game（nonstop talking and sharp eyes）

Nonstop talking game

“15秒不停说”小组活动，复习语音知识和动植物词汇。

设计意图：通过一个小组“15秒不停说”活动，激活学生已有的phonics知识和词汇，植物与动物单词不停说，为后面的自主阅读激活背景知识做铺垫。

（2）Cover reading（预测故事情节）

Read the cover and predict the story.

教师通过引导学生进行绘本封面的观察，预测故事情节。

设计意图：通过对绘本封面的观察，引导学生打开思路，想象故事情节，开发学生思维，训练学生的想象能力。

While-task procedures

（1）Picture reading—who\where\what

教师让学生自己快速翻看绘本，找出主人公和主要时间。

设计意图：通过学生快速翻看绘本，学会抓主要内容。

（2）Words reading—find and learn the new words, sound and meaning

Figure out the new words, sound and meaning.

教师让学生自己圈出文中不会的新词，小组自学新词的读音，检查读音及释义。

设计意图：通过给出已学单词作为支架，让学生自主学习单词的发音，并尝试通过绘本插图猜测单词的意思，训练学生的自学能力和知识迁移能力。

（3）Story reading—first part of the story（the cause）读PP.3-5

What’s the cause of this story?

教师通过问题让学生阅读第3～5页，让学生了解故事的起因。（尝试演绎当时的情景）

设计意图：让学生阅读前三页，了解故事发生的起因。

（4）Story reading—second part of the story（PP.6-14）

Read and finish the chart.

教师让学生静静地阅读，并完成连线活动，了解故事梗概，感受故事整体。

设计意图：通过问题、预测等手段对故事进行预测，然后静静地进行阅读，让学生感受故事的整体性。将主动权还给学生，让学生更好地感受故事情节。

（5）Story reading—ending part of the story（p.15）

Think about what happen at the end.

教师让学生一起朗读最后一页，想象故事的后续发展。

设计意图：通过对故事结尾的预测想象，发展学生的思维能力、创造能力和表演能力。

（6）Listen, read and think

Enjoy the story and read after the computer.教师让学生边听边读。

设计意图：通过听原声朗读，重温故事，感受标准的语音语调，尝试跟读，模仿地道的语音语调，提高学生的朗读水平。

Post-task activities

（1）Which page do you like best? Can you act with your friends?

Act your favourite part.学生与同学一起选择最喜欢的片段来表演。

设计意图：通过选段演绎，让孩子们把学到的用舞台形式展示。

（2）Opening question.

Which character do you like better? Why? What's it like?教师引导学生小组讨论这个绘本故事的主人公的特点，完成worksheet.

设计意图：通过绘本学习，让学生从中学会聪明反被聪明误，一分耕耘，一分收获。

（3）What do you learn from this story?

What have you learn from this story?

教师与学生一起分享在这个故事中学到了什么。

设计意图：通过最后的小结，引导学生总结归纳绘本的寓意。

（4）Homework.

① Retell the story 复述故事or act your favorite part表演片段。（必选）

② Continue the story续写故事。（可选）

设计意图：作业分层，通过复述表演故事和续写故事两种不同层次的作业，创设情境，发展学生的思维，让学生在课后综合运用本节课的语言。